きれいでなければ稼《かせ》げません

ほんの少しのコツで、
いまよりランクアップできる！

If You Want to Earn a Lot of Money,
Be Beautiful.

渡辺ゆきよ
Yukiyo Watanabe

WAVE出版

――はじめに――

「きれい」はものすごい経済効果を持っている

みなさま、はじめまして！

きれいのスペシャリスト・美容家の渡辺ゆきよと申します。

私は29年間美容業界に携わり、現在、エステティシャンの人材育成の講師をしています。これまで、「きれいであること」の大切さを、さまざまなアプローチでたくさんの人に伝え続けてまいりました。

その中で実感したのは、**「きれい」には無限の価値がある**ということ。

まず、きれいな人のところには、人が集まります。

きれいな人は、人に紹介してもらえる機会も多いのです。紹介された相手にもよろこんでもらえ、紹介した人も鼻が高いものです。

そしてきれいな人は**「またあの人に会いたい」「あの人と仕事がしたい」**と思ってもらえます。

きれいな人のもとには、人脈も仕事も、自然と集まってくるのです。


美人と不美人の「生涯賃金格差」は3600万円といわれています。

研究したのは、アメリカの経済学者のダニエル・ハマーメッシュ。彼が多くの男女の見た目を5段階評価したうえで、それぞれの収入を調べるという研究を行ったところ、このような結果になったそうです。

ちなみに、駆け出しのエステティシャンだったころにくらべると、**現在の私の収入は約5倍になっています**。もちろん、誰よりも真剣に仕事に取り組んできたという自負はあります。でも、それだけでは、現在の仕事や収入は、手に入らなかったでしょう。

私が稼げるようになったのは、**なによりも「きれい」であることを大切にしてきたから**だと信じています。

「結局、美人がトクをするという話……？」

少々、反感を持たれた方もいらっしゃるかもしれません。

そうではありません。

本書が「きれいでなければ稼げません」というタイトルに決定するまで、何度も何度も悩みました。なぜならば、この本を手にとる人と、とらない人が真っ二つに分かれるだろうと想像したからです。

「きれい」が指しているのは、単に顔の造作が美しい人。そう思われるのは、少し残念です。

私の考える「きれい」は、外見の美しさだけではありません。「**品位**」「**品性**」「**品格**」があること。女性ならではの「**配慮**」「**思いやり**」があること。そういった「きれい」にこそ経済効果が生まれることを、たくさんの人にお伝えしたいのです。タイトルだけご覧になった方々の反感も覚悟して決めました。

この世のすべての物質は、周波数（波動・エネルギー）を持っています。そして、**近い周波数のもの同士が、共鳴し、強く引かれ合う**という法則があります。

きれいな人のまわりには、やさしい人や誠実な人が集まってくるもの。そして、きれいな会社やお店には、よりよいお客さまが引き寄せられ、そうでない会社やお店には、そうでないお客さまが引き寄せられます。きれいな場所にはよい波動やエネルギーが循環して、自然とお金まわりもよくなるのです。

だからこそ、「きれい」の経済効果はすごいものがあるのです。

これは申しわけないけれど、男性にはたちうちできない分野です。

女性であるからには、「きれい」を最大限に活用すべきですし、「きれい」でいることで人生が楽しくなります。

それはもちろん、媚《こ》びるとか、おもねることではありません。

「きれい」を追求することは、道を究めるようなもので、ときとして努力、我慢も必要です。きれいとは芯のある生き方をすることでもあります。

自分の「きれい」を貫き続けることで、生き方そのものが美しくなり、それが結果として人に恵まれ、仕事に恵まれ、お金に恵まれるのです。

そして、ここが大切なところですが、**「きれい」はつくれる**のです。

それは自分の経験から絶対の自信を持って言えることです。

第1章でくわしくお話ししますが、**私はもともときれいではありませんでした。**それどころか、コンプレックスの塊でした。

だからこそ、「きれいになりたい」という思いが人一倍強く、「きれい」に近づけるよう、日々努力し続けています。

誰でも、きれいになれる。
私は、そう信じています。

本書ではその方法を、私の29年の美容人生をもって、あますところなくお伝えします。そして「きれいで稼ぐ方法」について、きれいごとではなく、すべてを公開しています。
本書を読んでくださった方が、本書の「きれい」を実行し、「きれいの経済効果を実感しました!」と、全国からたくさんのうれしいご報告があることを、私はすでにイメージしています!

2017年7月

美容家　渡辺ゆきよ

第3章

所持品・身のまわりのきれいで稼ぐ

第4章

心のきれいで幸せを手にする

第5章

売り上げ・収入アップに直結する

ビジネスのきれい

装丁……加藤愛子（オフィスキントン）
編集協力……高橋扶美
　　　　　　山崎潤子
校正……鷗来堂

第1章

なぜ、きれいな人はお金を稼ぐことができるのか

きれいな人のもとには、なぜか人が集まってきます。
人が集まる場所には、自然と仕事も集まり、お金も集まる。
つまり「きれい」は「稼ぐ」に直結するのです。
そしてなにより大切なことは「『きれい』はつくれる」ということ。
そうです。誰でもかならずきれいになれるのです！

「きれい」はお金を呼んでくる

「きれいでなければ稼《かせ》げない」は、まさに私が「自分の経験」から学んだことです。

私は美容家として独立して、今年で3年目になります。

これまで、**私は一度も自分自身の売り込み営業をしたことがありません。**

すべての仕事は人様にご紹介いただいたり、あるいは口コミでお受けしたりしているものです。そのご紹介も、こちらからお願いしたことはありません。

たとえば、いまコンサルティングをさせていただいているエステサロンは、とあるセミナーでお会いした方にオーナーさまを紹介していただきました。

そのセミナーは自分の仕事とはまったく関係ないもので、自身のスキルアップのため、自己投資のつもりで参加したものです。

セミナーのあとの懇親会で、6人掛けの席に座りました。4人はもともとの知り合い、2人は初対面のご年配の男性でした。

ところがその日、セミナーで多くの方に名刺をお渡しした私は、懇親会のときには名刺を切らしてしまったのです。

お渡しできなかったおふたりには、**後日、手紙をそえて名刺をお送りしました**。

するとおひとりの方からはすぐにお電話をいただき、もうひとりの方からはメールで返信をいただきました。

そのメールに「渡辺さんにぜひ紹介したい人がいる」と書かれていて、紹介されたのが、そのエステサロンのオーナーさまだったのです。

お会いして驚いたのですが、その方は、なんと全国で数十店舗のエステサロンや美容室の直営店をされている凄腕のオーナーさまだったのです。

とても光栄な仕事で、紹介してくださった方には深く感謝しています。

また、こういうこともありました。ある整骨院のオーナーさまと知り合い、仕事をいただきました。

その整骨院は非常に繁盛しているのですが、2店舗目としてエステサロンを併設した整骨院をオープンしたいと考えていたということでした。そこで私は、エステサロンのプロデュースと人材教育の仕事をおまかせいただきました。

でも、あとでよく聞いてみたら、そのオーナーさまは**私に会ったその瞬間に「この人と仕事をしたい」と思ってくださって**、その場の思いつきでエステサロンのオープンを決めたというのです。

どちらの方にも私は**自分の売り込みなどは一切していません**し、名刺はお渡ししましたが、**自分の仕事について特に説明はしていません**。

「私」という商品を見てくださった方が、「この人のよろこぶことが何かないか」

「この人と一緒に仕事をしたい」と思ってくださった結果です。

このように私の仕事は、ほぼ１００パーセント、人の紹介で成り立っています。

もちろんいまのところは……ですが。

ちなみにエステサロン併設の整骨院ですが、いまや大繁盛店となっています。

柔道整復師という国家資格を持った人がフェイシャルや痩身をやってくれるというのは、絶大な信頼度があります。オーナーの方のアイディアは大当たりでした。

私の提唱する「3つのきれい」

これらは「**私がきれいだから仕事をもらいました**」**という話では、もちろんありません。**

ここで明らかにしておきたいことは、「『きれい』とはいったい何か」です。

私の言う「きれい」とは、単にビジュアルがよい、容姿が美しいということではありません。

「きれい」とは、しぐさ、立ち居振る舞い、マナー、所持品、身のまわり、そして心までをひとまとめにした「総合力」なのです。

それを私は「3つの『きれい』」として提唱しています。

「パッと見のきれい」
「所持品・身のまわりのきれい」
「心のきれい」

です。

一つひとつ説明していきましょう。

まず**「パッと見のきれい」**。

これはパッと見て、ハッとさせる外見のきれいのことです。

人と会ったときの一瞬はとても大事です。「わぁ、きれい！」と相手の目がくぎづけになってしまうような、インパクトのある「きれい」です。

次に**「所持品・身のまわりのきれい」**。これはポーチやバッグなどの持ち物、部屋や玄関など、身のまわりのきれいのこと。

「そんなことまで？」と思われるかもしれませんが、**所持品・身のまわりにはその人の品性が出ます**。私はきれいの根本は「品位・品性・品格」だと思っています。

そして3つめの**「心のきれい」**です。これはいちばん大切なことです。

どんなに外見を美しく装っていても、心がきれいでなかったら、それは本物のきれいではありません。

まずは形を整えることであり、心を整えること。「きれい」はその結果、内側からにじみ出てくるものです。

本書では、この3つを軸に、どうしたらきれいになれるかという「きれいの法則」と「なぜ『きれい』で稼げるのか」ということを具体的にご紹介していきます。

といってもむずかしいことは何もなく、一つひとつは簡単なことばかりですから、どなたも気軽に実行していただけると思います。

実際に私のまわりでも、この3つがきれいな人はみな、仕事が順調で、お金をたくさん稼いでいます。

私は**「きれいは習慣でつくられる」**と思っています。

「3つのきれい」を毎日の習慣にしてしまえば、誰でも簡単に「パーフェクトなきれい」が実現できるはずです。

きれいはつくれる！　絶対に！

私は「**きれいはつくれる**」という信念を持っています。

容姿に自信がないという人でも、かならずきれいになることができます。

私は29年間の美容人生において、数えきれないほどの女性の美をつくるお手伝いをしてきましたが、その経験からも自信を持って言えることです。

たとえば私の研修では、髪と眉をいじるだけです。それだけで、どなたもビックリするほど変わります。美人度は髪型が８割決めるともいわれます。


「私なんか」

「どうせ」

このようなマイナスの言葉を使っていませんか？

こういう言葉は自分で自分に「きれいではない」「きれいになれない」というブロックをかけているようなものです。このような考え方はすぐに捨ててください。

きれいになるためにいちばん大切なことは、なんといっても**「きれいになりたい」と強く願うこと**です。

コンプレックスまみれだった私

「きれいになりたい」と強く願えば叶う。
それは**私自身が身をもって体験したこと**でもあります。

私は子どものころ、重度のアトピー性皮膚炎でした。

まぶたがはれ上がり、顔はいつもパンパン。湿疹は全身に出ていました。かゆくてかゆくて……、かいたところから出血し、そこにリンパ液が混ざって……、肌はいつもグチャグチャでした。

身体中、包帯でグルグル巻きにして学校に通っていました。


忘れもしない、小学校低学年のときです。

フォークダンスを踊るのに、**相手の男の子が「渡辺、気持ち悪い！」と言って、手をつないでくれなかったのです。**

アトピーで日常的にいじめられることはなかったのですが、これは私にとって大変ショックな出来事でした。


また、物心ついたときから、私は太っていました。

アトピーは、そうでなくてもむくみやすいのです。特に下半身、ふくらはぎが異様に太いことをずっと悩んでいました。

しかも、これは母からの遺伝だと思うのですが、毛深いのです。

アトピー、太っている（特に、下半身デブ）、そして剛毛……。

そう、**私はコンプレックスの塊でした。自分に自信がなくて、人前に出るのが嫌で嫌でたまりませんでした。**

私が美容の道を選んだのは、この体験があったからです。

「透き通るような、きれいな肌になりたい」
「やせたい」
「細いふくらはぎとツルツルの足がほしい」

ずっとずっと、そう切望してきました。

しかしそれから時を経て、大人になったいま、私はこれらのコンプレックスをすべて払拭することができたのです。

アトピーはほとんど治りました。**あれほど悩みの種だった肌をほめられることも増えました。**

そして、やせました。**いちばん太っていたときより、10キロは落としています。**

とはいえ、下半身の部分やせはなかなかむずかしく、ふくらはぎが太いという悩みは依然としてありました。しかし、ここ数年で人前に出る機会がさらに多くなり、「絶対にふくらはぎを細くする！」と固く決意して、**細くなったふくらはぎをイメージし、「ふくらはぎが細くなりますように」「きれいな足になりますように」とつぶやきながら**エクササイズをしました。

すると**不思議なことに、あれほどやせにくかったふくらはぎが、目に見えて細くなっていきました。**いまではジムのトレーナーに「少年のようにきれいな足だね」とほめて（笑）もらえるまでになったのです。

それからぜい肉がつきやすい二の腕。ここもふくらはぎと同じように、イメージしながらエクササイズをすることで細くなりました。

体重は変わっていないのですが、ふくらはぎは1・6センチ、二の腕は1・1センチサイズダウンしたのです！

二の腕のように筋肉が小さい部分は、エクササイズをしてもなかなか細くはなりません。でもそこを**ピンポイントで細くできたのは、やはりイメージの力**だと思っています。

「きれいはつくれる」を自分で実証することができたのです。

余談になってしまいますが、「渡辺、気持ち悪い！」と言った男の子とは、いまではいい友だちです。私がこの話を持ち出すと、いつも大あわてで「俺は絶対にそんなことを言っていない！」と全力で否定しています（笑）。

「きれい」は仕事もお金も呼び込んでくれる

美容業界で29年間働いてきて、私がいま、実感していることは、**仕事もお金もすべて「きれい」からやってくる**ということです。

「この人とまた会いたい」

「この人と一緒に仕事したい」

と思ってもらえることから、すべてがスタートします。

「なんだか感じが悪い人」

「あの人、嫌だな」

このようなネガティブな印象の人に、仕事を頼んだり、自分の大事な人を紹介したりしたいとは思わないでしょう。

では、その「なんだか感じがいい」「感じが悪い」を決めるのは何かといったら、やはり、「きれい」なのです。

特に女性は「自分」が商品です。それは独立して仕事をしている人やフリーランスの人にかぎらず、会社や組織で働いている人も同じです。

相手に**「いつもきれい」「いつ会っても気持ちがいい」と思ってもらえるかどうか**。そこが勝負です。

それは相手が男性でも女性でも同じだと思います。

「女性はきれいな人に嫉妬するのでは?」という意見もあるかもしれませんが、それはどちらかというと性格の問題です。美人だけど、それを鼻にかけている人や気取っている人は感じが悪いですよね。

私の言う「きれい」は**相手に対する礼儀や思いやり**も含まれています。

見た目もきれいで、誰に対しても笑顔がとびきりすばらしく、おじぎも所作も美しい。持ち物もすべてきれい。立ち去ったあとまできれい。

こんな人がいたら、「この人のために何かをしてあげたい」「この人のよろこぶことをしたい」と思ってしまいませんか？

それがすべてのチャンスを呼び込む大きなパワーとなるのです。

ちなみに、嫉妬や悪意は低い周波数であり、「きれい」を遠ざけます。

稼ぐことのできる人は、かならずまわりに「愛される人」なのです。

なぜ、きれいな人は信用されるのか

2013年に米・ハーバード大学でとても興味深い実験結果＊が発表されています。

まず同大学の女子学生56人の写真を準備。これを顔の整った順に1位から56位までランキングしたそうです。

次に4～5歳の子ども32人に、初めて見るものが写っている写真6枚を見せ、名

＊出典：In beauty we trust: Children prefer information from more attractive informants（Igor Bascandziev　and　Paul L. Harris）
British Journal of Developmental Psychology　Volume 32, Issue 1

前を当てさせます。

その答えの正誤について、「お姉さんに聞いてみよう」と、2人の女性の写真を見せます。2人の女性はランキングの高い女性と低い女性（＝容姿の整った女性）を抽出したものです。

次に女性2人にそれぞれ答えを言わせ、「どちらのお姉さんが正解だと思う？」と子どもに聞きます。

すると多くの子どもたちがランキングの高い女性の答えを正解だと信じたことがわかったと言います。

この実験結果には異論もあるかもしれませんが、**その人を信用するかどうかに「容姿」が大きくものを言う**ことを示した例であることは間違いありません。

この実験では顔立ちだけを対象としていますが、私に言わせれば、顔も「きれい」の一部。つまり「きれい」が人に与える影響は実に大きいということだと思います。

やはり「きれい」な人はビジネスにおいても信用されるし、優遇され、大事に扱ってもらうことができる。それはある面では事実ではないでしょうか。

「きれい」なお店は繁盛する

風水や気学では「運の流れ」ということをとても重視します。

運気は玄関から入ってきて、家中に流れます。

このとき、ゴチャゴチャ物が置かれていたり、汚かったりすると運はドロップしてしまうと言います。

ですから、とにかくきれいに掃除をすること、物は整理してスッキリ整頓するようにと言われます。

私は風水や気学を専門的に勉強したことはありませんが、自分自身の経験として、それがまぎれもない「事実」であることを学びました。

かつて私は、美容機器の開発・販売に携わっていました。

納品先は全国のエステサロンです。これが大変な人気商品で、あっというまに全国に広まったのですが、日々使っていれば故障することもあります。

故障した機器は修理のために本部に送られてくるのですが、その梱包の仕方が、まあこうも違うのかというくらい、実にさまざまなのです。

まず雑に包装されてきたものは、確実に中の機械も汚いです。ほこりをかぶっていて、コードもベタベタ。化粧品がついていて……。中には精密機器にもかかわらず、段ボールにさえ入れず、紙袋に入れてそのまま送ってくるエステサロンもありました。もちろん中の機械の状態はボロボロでした。

一方、大事に梱包されていて、コードもきちんと折りたたんで美しくしばってあるものは、中の機械の状態もかならずきれいです。

私の経験上、機器の状態＝お店の状態です。

各サロンの売り上げは一緒に納品している化粧品の出荷数でだいたいわかります。

つまり、化粧品をたくさん仕入れているところは、それだけ繁盛しているということです。

それを照合してみると、**機械を大事にしているサロンは、かならず売り上げを上げています**。そして機械がボロボロのサロンは見事に売り上げが悪い。本当にもう感心するくらい、一致しているのです。

きれいなお店は繁盛する。

このことを実体験として学びました。

きれいにしていることは、質の高いお客さまを呼ぶことでもあるのです。

はやっているお店、長く続くお店はかならず「きれい」です。

「突き抜けたきれい」でなければ稼げない

本書では「パッと見のきれい」「所持品・身のまわりのきれい」「心のきれい」という、3つのきれいをご紹介すると述べました。

これらを一つひとつ実践することで、360度方向からの隙のない、パーフェクトな「きれい」が実現できます。

なぜ、それほどまでに「きれい」にこだわるのか。

それは「**中途半端なきれい**」「**普通のきれい**」**ではダメ**だからです。

「**突き抜けたきれい**」**であってこそ、強力にご縁とお金を引き寄せる**のです。

私は研修でも「普通の店ではダメです。突き抜けた店をめざしましょう」と言っています。

突き抜けたきれい、突き抜けたサービス、突き抜けた店……。

普通ではなく、**突き抜けたところにチャンスがある**のです。

では「**突き抜けたきれい**」**はどのようにつくるのか**。次章から、具体的な方法をご紹介していきましょう。

第2章

パッと見のきれいで稼ぐ

「きれいか、そうでないか」は「会ったときの一瞬」が勝負です。

パッと見たときに、相手の目が釘づけになってしまうくらいの「きれい」とは何か。そしてそれはどのように「演出」すればよいのか。

この章でお伝えします。

むずかしいことはなく、すべて「日常でできるコツ」と「積み重ね」ですから、誰でもすぐに実践できます！

最初の5秒で勝負が決まる!

初めてお会いしたときの第一印象はとても大事です。

出会いの一瞬には、運命さえ左右してしまうほどの作用力があります。

私の場合、クライアントさまに契約をいただいてこその仕事ですが、**「仕事をいただけるかどうか」は初めてお会いしたときの最初の5秒で決まる**と思っています。

これはどんな職種、仕事内容でも同じではないでしょうか。

この人と仕事をしたいかどうか、お店に入ってこの店員さんから物を買いたいと思うか、この人と契約するかどうか、それは「最初の5秒」がものを言うのです。

ですから「パッと見のきれい」力を磨くことは、なにより大切なのです。

みなさんは、スーパーで、真っ赤でつやつやしたりんごと、色ムラのある傷だらけのりんごが並んでいたら、どちらをカゴに入れるでしょうか。

もちろん、おいしいかどうかは、食べてみなければわかりませんし、同じ品種であれば、どちらも同じような味でしょう。でも、**多くの人に選ばれるのは「パッと見」がおいしそうなりんご**なのです。

それと同じで**「パッと見のきれい」が、人との縁やお金を引き寄せる**のです。

この章では「パッと見のきれい」を磨く方法をお伝えします。

あらゆる運を引き寄せる「太陽のような笑顔」

太陽のような笑顔。

これは私が大切にしているもののひとつです。

「太陽のような笑顔」は、決して「普通の笑顔」ではありません。

パーッと明るくまぶしくて、会った人が「こんな笑顔、見たことない！」と、ちょっと後ずさりしてしまうような、すごい笑顔です。

お客さまがそのお店にふらっと入ってきたとき、「ようこそ、おいでくださいました！」と見たこともないような笑顔で迎えられたら、「何だ、この人は！　こんなふうに迎えられたことがない」と不意打ちを食らってビックリします。

それが「太陽のような笑顔」なのです。

前章で、初めてお会いした方からとてもありがたいご紹介をいただいた話をしましたが、あとからその方に「なぜ、すぐにご紹介くださったのですか？」とうかがったことがあります。

するとその方は「渡辺さんの笑顔がたまらなかった」とおっしゃってくださった

のです。「こんなものではすまないよ、まだまだいい人を紹介するから」とまで言ってくださいました。

これも**「太陽のような笑顔」が引き寄せてくれた縁**だと思っています。

「太陽のような笑顔」をつくるレッスン

「太陽のような笑顔」は、誰でもかならずできます。

次のようなステップで、鏡の前で練習をしましょう。

①眉を上げます。眉を上げるのはむずかしいので、ことさら意識しましょう。

②口を母音の「イ」を発声する形にします。自然に大頬骨筋が上がり、目が細くなり、目尻が下がります。ここで初めて笑顔になります。

③そのまま自分のイメージの3倍くらい口角を上げ、歯を8本見せるようにします。

④そのまま10秒間、笑顔をキープします。

さて、いかがですか？

「こんな不自然な笑顔は無理！」と感じる人も多いかもしれません。でも、**このくらいオーバーな笑顔をつくることで、笑顔の筋肉が鍛えられる**のです。

人は意識していないと、真顔で無愛想に見えるもの。真顔で漫然と過ごしているだけでは、笑顔の筋肉は鍛えられません。そして自分は満面の笑顔を見せているつもりでも、人から見たら普通の笑顔にしか見えないのです。

だまされたと思って、このレッスンを1ヵ月、毎日鏡の前で続けてみてください。そうすればいつのまにか、相手を圧倒するくらいすごい「太陽のような笑顔」ができるようになるはずです。

いつも輝く「太陽のような笑顔」で応対できるようになれば、相手はあなたのことをこれまで以上に好きになるはずです。そしてそのことが、仕事の運やお金を引き寄せてくれるのです。

そして、笑顔よりも本当はもっと大事なことがあります。

それは**「気持ち」**。

「お会いできてうれしいです！」「ようこそお越しくださいました！」という気持ちを表情で表現するのです。

「太陽のような笑顔」は、**自分はもちろん、相手によろこんでもらうためのもの。**笑顔でいるだけで自分の気持ちも上がりますし、相手もいい気分になりますよね。

「太陽のような笑顔」。それはきっと、あなたの一生の武器になるはずです。

いついかなるときも勝負メイク！

「自分が商品」と考えると、見苦しい商品をお店に出すことはできないし、並べたとしても誰も買ってくれません。

だから**「常に勝負メイク」**です。

一歩外に出たら、いつどこで、誰に会うかわからないし、どんなご縁があるかわかりません。「今日は面倒くさかったからノーメイク」というのはNGです。

その日に急に飲み会や人との集まりに誘われたとき、いつでもサッと行けるように、常に用意しておきましょう。**ビジネスのチャンスは、そういう偶然の出会いからやってくる**ことが多いのです。

「見た目がいまひとつだから集まりに行かない」「偶然会いたい人に会えたのに、

ノーメイクだったから積極的に話ができなかった」……。これではチャンスをつかみそこねてしまうかもしれません。

「常に勝負メイク」は時代をさかのぼって、私がエステサロン勤務をしていたときからの習慣です。当時私は地元のラジオやテレビに出演したり、タウン誌に美容のコラムを書いたり、ローカルタレントのような仕事もこなしていました。

そのため、田舎ながらも顔が知れわたっていて、スーパーで買い物をしていても、外食に行っても、「あ、渡辺さん！」と声をかけられました。だからいつ、誰に見られてもいいようにメイクをして、きちんとした格好をしていたのです。

ちなみに、私は原則、ファンデーションを使わないので、勝負メイクといっても、スキンケアをしたら、フェイスパウダーをはたき、ポイントメイクをするだけです。

「今日はメイクなんてしたくない。めんどう」というときはせめて、**眉・まつげ・リップの3つだけでもOK**です。これなら3分、慣れれば1分でおわります。

- **眉：眉をきれいに見せるコツは、眉尻。ペンシルで眉尻をきれいなラインに描くと、きちんとした印象になります。**
- **まつげ：ビューラーとマスカラでサッと整えます。まつげエクステをしている人ならラクですよね。**
- **リップ：落ちにくいリップのコツは、リップライナーを唇全体に使うこと。そのあとグロスなどを使えば、飲食しても落ちにくいです。**

訪れたチャンスをサッとつかむための「いつでも勝負メイク」。稼ぐ人になるための基本です。

服よりもメイクよりも重要なのは「髪」！

特に女性の場合、**「パッと見のきれい」の大きな部分を「髪」が占めています。**ヘアスタイルがきれいに整っていると、それだけできれいな女性のオーラが出ますよね。芸能人やセレブな女性の多くは、驚くほど髪の手入れが行き届いています。実際にお会いすると圧倒されるほど、髪が美しいのです。

逆をいえば、どんなにきちんとメイクをしていても、センスのいい服を着ていても、**髪の手入れが行き届いていないだけで、台なし**になってしまうのです。

私は「365日巻き髪」です。365日毎日巻くというとビックリされますが、もう習慣化しているので、ものの3分でできます。目をつぶっていてもできるほどです。巻いている間にメイクをするので、時間もかかりません。私にとってはブローをするより、巻くほうが早いし、髪も傷まないからラクなのです。

髪を巻くと、雰囲気がパッと華やかになります。研修講師の仕事ではひとつにまとめますが、そのときも巻いてあると表情が出るし、ほどけにくいのです。

もちろん、巻き髪でなくてもOK。ショートヘアでもストレートヘアでも、**その人に似合っていて、清潔感があって、きれいに整っていること**が大切です。

私のまわりの稼いでいる女性は、みんなヘアスタイルを大切にしています。きれいで稼ぎのよいある友人は、「無人島に何かをひとつ持っていくなら、絶対コテ（ヘアアイロン）！」と言っていました（笑）。

そして**どんなヘアスタイルでも大切なのが「つや」**。パサつきやすい髪質の人は、ヘアオイルなどでつやを出すようにしましょう。

つやつやの髪は「パッと見のきれい」に欠かせないアイテムです。

唱えた人からきれいになる「きれいの呪文」

「きれい」を手に入れるためには、漫然とケアをしているだけではダメ。自分自身に**「きれいの魔法」をかけて、自分で自分の価値を高めていくこと**が大事です。

では、きれいの魔法をかけるためにとっておきの呪文をお伝えします。

「きれいになりますように！」

もしくは、

「きれいね！」

たったこれだけです。なんだかちょっと子どもに言い聞かせているみたいですが、これが実は効き目バツグンなのです。

これを入浴のときもボディローションをつけるときも、メイクをするときも、いつも呪文のように唱えるのです。

大切なのは、**ポジティブなイメージを強く意識しながら行うこと**。たとえば朝起きてクマができていたら「**クマがなくなりますように！**」「**きれいになりますように！**」とイメージしながらケアしましょう。

ひとりでつぶやけばいいので、誰にも遠慮はいりません。

「そんなこと、恥ずかしくて言えない」という方もいらっしゃるかもしれませんが、とんでもないことです。言葉って、ものすごい力を持っているのです。

水に「ありがとう」という言葉をかけると美しい結晶になり、「ばかやろう」という言葉をかけると、汚い結晶ができるという有名な話があります。

私はその結晶の写真を見たとき、大きなショックを受けました。

エステティシャンは、水を扱う仕事です。かける言葉で水の結晶が変わるのであれば、汚い結晶の水でお客さまのお肌のお手入れをしたら大変だと思ったのです。人の細胞は7割が水でできているそうです。言葉が細胞に影響するのであれば、ゆめゆめ「汚い言葉」などかけられません。

それ以降、**お客さまのお手入れをするときにも、自分自身のお手入れをするときにも「きれいになりますように！」「きれいね！」と唱えるようになりました**（お客さまのケアでは、心の中ですが）。

夜のスキンケアでは、自分の顔に「**おつかれさま。今日も1日ありがとう**」と話しかけます。そして「**明日もお肌のコンディションがよい状態でありますように**」と願いながら眠りにつきます。これだけで、肌の状態が本当に変わります。

ポジティブな声をかければ、自分の体がよろこび、細胞も活性化します。

魔法の呪文で、いつもたくさんの「きれい」を身にまといましょう。

なりたい自分を強烈にイメージする

きれいになるために、**イメージの力**は絶対に必要です。
自分がどうなりたいか、5年後、10年後、どういう自分でありたいかを、強烈にイメージしてみてください。

「10キロやせてどんな洋服でも着こなせるようになりたい」
「ステキな人とめぐりあい、ウエディングドレスを着て、みんなに祝福されたい」
「年収1000万円になりたい」
「ハワイに別荘を持って、日本と行き来して優雅に暮らしたい」

何でもいいのです。「こんなの無理かしら?」なんていう遠慮はいりません。むしろ、かけ離れたくらいの目標のほうがいいくらいです。

私は常に、**叶えたいことのリストを100項目くらい手帳に綴っています。そして、毎月新月の日に、その中から直近で叶えたいこと10項目をリストアップして、イメージしながら清書します。**

ここで重要なことは**「こうなりたい」というイメージを強烈に心に刻み、叶ったときの感情をリアルに感じること**です。

私の経験では、このときドキドキしたり、熱くなったりすれば、ほぼ100パーセント叶います。それほど、真剣に「叶ったときの感情」をイメージできるかどうかが鍵なのです。

アファメーションで願いを現実に

「こうなりたい」というイメージを強烈に思い浮かべたら、次は**アファメーション（自分に対してポジティブな言葉を投げかけること）**を行いましょう。

アファメーションを使うことで、イメージを現実化していくのです。

私の場合、叶えたいことのリストを10個リストアップしたら、「こうなりたい」ではなく、「私はこうなりつつある」と言葉にします。

たとえば、次のように書いてみましょう。

「あと2キロやせたい」↓私はいま、1キロやせてくびれができつつある。

「仕事を成功させたい」↓私が携わる仕事は、すべてが順調に進行しつつある。

「新しいバッグがほしい」→私は次のお給料で、ほしいバッグを絶対に買う。

「私はこうなりつつある！」というポジティブな言葉を、自分の細胞に刷り込むように言い聞かせるのです。

その言葉を使った瞬間に、現実は動きはじめるのです。

見たこともない美しいおじぎ

日本のビジネスの場では「おじぎ」はとても重要です。

そこで**「見たこともないような、美しいおじぎ」**をしたらどうでしょうか。

相手は「この人はすごい！」とビックリして、あなたに目が釘づけになってしまうでしょう。

では「見たこともないような、美しいおじぎ」とはどのようなものでしょうか。

基本は「語先後礼」。**言葉を言ってからおじぎをします。**

つまり、**「お願いします」と言ってから礼、「ありがとうございます」と言ってから礼、「失礼いたします」と言ってから礼**です。

そして、おじぎをして、すぐに頭を上げないこと。私の研修ではこのとき**「1、2、2」と言いながらおじぎ**をします。「1、2、2」と発声することで、口角が上がり、微笑んだ状態で顔を上げることができます。

「お願いします」としゃべりながら礼をしてしまうのはNG。話している内容が聞き取りづらくなり、おじぎもおざなりなものになります。

言葉を発してから丁寧なおじぎをすることで、品格のある心のこもった印象になります。

相手が「いやいや、そこまでしなくても」と恐縮するくらいの、きちんとした深いおじぎをしましょう。

突き抜けたおじぎは「90度」「3回」が鉄則

お客さまに対して、突き抜けた、印象に残るすごいおじぎをするなら、90度の角度で、3回しましょう。

1回目はお客さまがいらっしゃったとき。

「**お待ちしておりました**」のおじぎです。

2回目はお客さまに出会えたことを感謝するとき。

「**ご縁に心より感謝申し上げます**」のおじぎです。これがいちばん重要です。

世の中にたくさん存在する同業社さまの中で、当店を、私たちをお選びくださったのです。このご縁に感謝せずにはいられません。私の研修ではお客さまに「なぜ、当店をお選びくださったのでしょうか?」と、かならず聞くよう指導しています。どのような理由であっても、まさにそれがご縁です。「本当にありがとうございます！　大変うれしいです。今日のご縁に心より感謝申し上げます。」とうれしさいっぱいにお伝えし、**座った状態で90度のおじぎを3秒間**します。お客さまは「ここは、ほかとは違うぞ！」と感じてくださるのです。

3回目はご契約をいただいたときや商品を買っていただいたとき。「**ありがとうございます**」のおじぎです。

そしてもちろん、お見送りのときも「**ありがとうございました。またお待ちしております**」の90度のおじぎ。これは誰でもしていますよね。

お客さまにおじぎをするのは当たり前……、と思われるかもしれませんが、実際にはこのおじぎがいい加減な人が多いのです。お客さまと親しくなればなるほど、いい加減になっていきます。そうではなく、**親しくなってお得意さまになればなるほど**、90度のおじぎをするのです。

おじぎひとつで人の心をつかむことができるのですから、これはもうやらなかったら損。ぜひ鏡の前で練習をして、印象に残る、90度の美しいおじぎを習得してください。

発声練習で声もきれいに

きれいなおじぎ、所作ときたら、やはり声もきれいな、いい声を出したいですね。

「自分の声が好きでない」という人も多いのですが、声も練習でかならずきれいになります。

そのために、**発声練習**を毎日の習慣にしましょう。

次の5行を大きく、はっきりした声で発声してみましょう。

あいうえお
いうえおあ
うえおあい
えおあいう
おあいうえ

これを1セットとして、好きなだけ行います。腹式呼吸で顔の筋肉をしっかり使って行いましょう。

私は出かける前に10セット行っています。

発声練習をすると、その日の「滑舌」が断然違います。

またこれを続けるうちに、「**よく通る、きれいな声**」になっていきます。

声がきれいになると、「**伝わる力**」が全然違います。

ビジネスにおいて相手に何かを伝える、相手に納得してもらうというシーンは多いですよね。そのときに**「美しい声」は大きな武器になる**のです。

またこの発声練習は、美容効果もあります。

眉を上げ、目を見開き、笑顔になるときに欠かせない頬筋（頬の筋肉）、そして口角を上げるときに使う口輪筋（口のまわりの筋肉）をしっかり使うことでリフトアップになり、表情が豊かになります。

日本人は顔の表情が乏しいといわれますが、それは表情筋を2割しか使ってないからだそうです。筋肉を使いながら発声することで、42ページで述べた「太陽のような笑顔」をつくるレッスンにもなります。

この発声練習は、一石二鳥どころか、三鳥、四鳥の効果があります。ぜひ毎日の習慣にしてください。

きれいはまわりに伝染していく！

全国でセミナーを開催しているときに、わかったことがあります。

それこそが「**きれいは伝染する**」ということです。

スタッフがきれいにしているエステサロンは全員がきれい。そうでないサロンは全員がそうではない……。

要は「ひとりだけきれいで、ほかはきれいではない」ということはないということです。もちろんここでいう「きれい」とは、もともとの顔立ちという意味ではありません。**表情、身だしなみ、姿勢、立ち居振る舞いといった部分**です。

たとえば私が研修を行うとき、みなさま飲み物を持参されます。その飲み物が

「きれい」なエステサロンは、全員がミネラルウォーターなのです。

ところが「そうでない」エステサロンは全員がジュースや甘いミルクティ、コーヒーだったりするのです。本当に見事に当てはまっているので、見ていて面白いくらいです。

ちょっと厳しいかもしれませんが、やはり甘い飲み物を日常的に飲むようなエステティシャンは、成功するのがむずかしいと考えます。

きれいが伝染するというのはすべてにおいて言えること。

たとえば**あなたがきれいになりたいと思うなら、きれいな人たちの仲間に入りましょう**。最初は引け目を感じるかもしれないけれど、そこで自分に磨きをかければ、きれいは自分にも「伝染」します。

また、**あなた自身がきれいになれば、まわりもきれいになります**。お客さまも、どうせお金を払うなら、絶対にきれいな人から買いたいと思うでしょう。

きれい同士が影響し合って、きれいが次から次へと伝染していけば、それが巡り巡って、売り上げアップにつながり、稼ぐことにつながるのです。

「塗る」のではなく「洗う」ケアが大切

足の甲、足の指、かかと、くるぶし……。

これらはふだん目につきにくい場所です。

顔はもちろん、目につきやすい手はネイルをしたり、ハンドクリームを塗ったりと、みなさんしっかり手入れをされているのですが、足はおざなりという人も多いのではないでしょうか。

目につくところをきれいにするのはもちろん大切ですが、見えるところしかきれいにしないのでは、偽物になってしまいます。

ふだん目に入らない、見えないところほどきれいにすることで、きれいを「底上げ」できるのです。

今日から見えない場所のケアも怠らないようにしましょう。ケアというと、何かを塗るというイメージがあるかもしれませんが、いちばん大事なことは洗うこと。

ちなみに、私は体を洗うとき、ボディタオルはほとんど使いません。石けんを泡立てて手のひらで全身をきれいに洗い、清めるイメージで流します。

足の甲やくるぶしなどもごしごし洗う必要はありません、シャワーをかけながら、お湯で丁寧に洗います。**爪、指の間、くるぶし、甲、足の裏にも「きれい」を行き届かせましょう**。

足の指は甘皮がつきやすい場所ですが、毎日洗っていると不思議とあまりつきません。入浴後、爪にはキューティクルオイルを塗ってケアしましょう。

足をきれいにしていると、体全体にエネルギーが充満してくる気がします。

「素顔チェック」できれいをキープ

朝起きて鏡を見たときは、**「素顔のチェック」をする習慣**を持ちましょう。
なんとなく見るのではなく、かならずポイントごとにチェックします。

□肌つや
□肌のハリ
□目の大きさ
□クマ
□くすみ
□たるみ

□フェイスライン

このようにチェック項目を設け、「肌つやよーし、肌のハリよーし……」と、一つひとつチェックしていきます。ポイントごとにチェックしていると、小さな変化にも気づきます。

「今日は全項目クリア！」

という日もあれば、

「あれ？　今日はクマができて、たるんでいる」

という日もあるでしょう。そこですぐにマッサージやパックができればいいのですが、朝は時間がないですよね。

そんなときは応急処置として、次の3ステップを行いましょう。

①化粧水をコットンにたっぷり含ませ、コットンがカラッカラになるまで、顔の下から上へパッテングをします。

②①の間に、「きれいの呪文」（50ページ）を唱え、なりたい肌の状態をイメージします。

③①②だけでも本当に、違うのですが、さらに「太陽のような笑顔」をつくるレッスン（42ページ）と、「発声練習」（60ページ）を行います。

この3つなら、支度をしながらでもできますよね。

こうやって急場をしのぎ、時間のあるときにしっかり手入れをしましょう。

毎朝のチェックと「微調整」によって、ずっと「きれい」が保てるのです。

こまめな微調整でラクラクダイエット

私は朝目が覚めたら、「あぁ、今朝も健やかに目覚めることができました。ありがとうございます」とつぶやきます。

そして、**起き上がる前にお腹を触ってチェック**します。

お腹はペッタンコが理想ですが、私の場合、残念ながらお肉がほんのり盛り上がっています。それがまたちょうど手のひらに収まって、「鶏のササミ」くらいの厚みなのです。

「素顔チェック」と同じで、「お腹のササミ」も、毎日触っていると、「ん？　今日はちょっとマズイぞ」という日があります。ササミが微妙に盛り上がってきているのです（笑）。

お腹のササミチェックと同様、**毎朝体重計で体重を量ります**。食べ過ぎた翌日などは、体重が増えてしまいます。

そういうときは、やはりダイエット。

日々のチェックと微調整は、体型を保つためにも大切です。数キロ太ってから体重を落とすのは大変ですが、早いうちに調整してしまえば、簡単に維持できます。

私の食生活のルールはシンプルです。

- **朝：原則、午前中は固形物をとりません。お水や白湯などをいただきます。**
- **昼：ランチは好きなものをいただきます。外食ならおそばや定食が好きですが、ときにはカツ丼などを食べることもあります。**
- **夜：できるだけ20時前にすませます。会食などもできるだけ早い時間に設定するよう心がけています。**

体重が増えたときやお腹のササミが気になるときは、夜の食事で調整します。数日間は豆製品や野菜中心にしたり、量を控えたりします。さらにエクササイズにも励みます。

きれいを続けるために、体型維持は欠かせません。

ダイエットのコツは**「手遅れにならないうちに微調整」**なのです。

エクササイズで「運」を動かす！

「やせたい！」という人は多いと思いますが、ただやせているだけでは「パッと見の」きれいは得られませんよね。

ほどよく筋肉がつき、締まるべきところが締まったボディが、いまどきの美の基

準です。

また女性は更年期以降、どうしても筋力が落ちてきます。するとボディラインが崩れてしまい、洋服がカッコよく着こなせません。もちろん代謝が落ちたり、骨が弱くなったりするなど、筋力が減ると健康にもよくありません。

日々のトレーニングで、筋力アップを図りましょう。

スポーツジムやヨガのクラスに行ければそれに越したことはないけれど、忙しくてなかなか時間がとれないという人も多いでしょう。

そういう場合は、**家でできるシンプルなトレーニング**をおすすめしています。

トレーニングにはたくさんの方法がありますが、習慣化しやすいのは下半身を鍛えられるスクワットとランジです。特にスクワットはお尻の筋肉、太もも前面の筋肉、ハムストリング（太もも裏）、ふくらはぎの筋肉、背中の筋肉、腹筋と、かなり広範囲の筋肉を鍛えることができ、「**筋トレの王様**」といわれています。

①ノーマル・スクワット

肩幅程度に足を広げ、足先をやや外に向ける。なるべく膝がつま先より前に出ないように意識しつつ、太ももが床と平行になるまで上体を下ろす。

②ランジ

片方の足を前に出し、前に出した足の膝を曲げ、前に出した足の太ももが床と平行になるまで下ろす。足を替えて行う。

これを、20回1セットとして2セットずつ行います。1セットやったら60秒休みます（インターバル）。

「大変そう！」と思われるかもしれません。でも、**ボディラインがきれいな人は、かならず見えないところで努力をしています。**

エステに関わる仕事をしている私だからこそ、本音でお伝えします。

エステの「痩身」だけではやせられないのです。

もちろん代謝をよくしたり、やせやすい身体づくりをしたりはできますが、それだけで脂肪を落とすのはむずかしい。**やはり「食事」と「運動量」が大切です。**

まずは1日5分からはじめましょう。

いちばん大切なことは、続けることです。今日はがんばって100回やったけれど、翌日からは続かなかったではダメ。少しずつでもコツコツ続けることがいちばん大事です。

運動は「運を動かす」と書きます。

運動すると自律神経が整い、メンタル面にもよい影響を与えます。

私も、ちょっと何かあって落ち込んでいるとき、テンションが上がらないときに筋肉を動かすと心がスッと晴れます。運動で運気を運び込みましょう。

クレンジングにこそお金をかける

パッと見たとき、「わぁ、きれい!」と思ってもらえる、その大きな要素はお肌にあると思っています。

しかし**「パッと見のきれい」なお肌は、残念ながらパッとはつくれません。**日々のスキンケアの積み重ねです。

私は朝晩ローションパックを欠かしません。

そしてスキンケアは**「塗る」ことより、「落とす」ことのほうが断然重要**です。

化粧水や美容液にこだわる人は多いけれど、クレンジングは安いもの、適当なものを使っている人が多いように思います。

大手化粧品メーカーも、クリームや美容液は高いものを出しているけれど、クレンジング剤は、なぜか安いものが多くありませんか？

スキンケアはクレンジングと洗顔こそが命と、私は考えています。

特にファンデーションを使っている方は、クレンジングこそはいいものを使っていただきたいのです。

なぜクレンジングが大事かというと、油を水となじませる「界面活性剤」の問題です。強い界面活性剤が使われているクレンジングは、メイクはよく落ちるけれど、皮膚のセラミド（バリアゾーン）を少しずつはがしてしまいます。それを毎日使い続けたら、5年後、10年後のお肌はどうなってしまうでしょう。

そしてお値段の安いクレンジング剤には、ほぼ１００％、強い合成の界面活性剤が使われています。

私の場合は、仕事柄もありますが、クレンジングはクリームと同等の値段のものを使っています。

前にも話したように、私はファンデーションを使いません。スキンケアをしたら、フェイスパウダーをブラッシングするだけ。それは、**落とすときの肌への負担を考えてのこと**です。

いずれにしてもクレンジングで大事なことは、**落とすときにお肌をこすらないこと、そしてよくすすぐこと。**流水で30回はすすぎましょう。

表皮の厚さは0・2ミリ。食品ラップと同じです。洗顔後、**タオルで水分をとるときも、絶対にこすらないことが美肌の秘訣**です。

ぷるぷるリップでツキを集める

メイクをバッチリ決めているのに、唇はガサガサ……。

残念ながら、たまにこういう人をお見かけします。

運やツキは「つやのあるところ」を好むもの。リップは常に「ぷるぷる」を保ち

たいものです。

「唇が荒れやすい」という人は多いのですが、そういう人は、**無意識のうちに唇をなめていること**が多いのです。唇をなめると水分が蒸発するとともに、潤い成分が奪われてしまいます。

また、クレンジングも要チェック。口紅をしっかり落としていないと、荒れる原因になります。

そして落とすときには絶対にこすらないこと。唇は粘膜ですから、やさしく扱いましょう。

そして寝る前はリップクリームを塗って保護膜をつくることが大切です。100パーセント天然のミツロウ、ヒマワリオイル、ココナッツオイルなどが素材のリップクリームをおすすめします。

オーラルケアで笑顔をもっと輝かせる

オーラルケア、歯のお手入れのことです。

「太陽のような笑顔」で見せた歯が黒かったら、かえって怖いですよね……。

日本ではまだまだオーラルケアが遅れていると思います。歯は美容においても欠かせない部分です。

欧米では美しい歯は「身だしなみの一種」と考えられ、歯が汚かったり、歯並びが悪かったりする人は、太っている人と同様、エリートとして認められません。

歯が汚かったばかりに、ビジネスチャンスを逃したら、泣いても泣ききれませんよね。やはり**輝く歯は、運も仕事も呼び寄せる**はずです。

欧米人の多くは、小さいころに歯の矯正をするし、大人になってからも定期的にデンタルケアをします。日本人は「虫歯になってから歯医者さんに行く」という人が多いと思いますが、欧米では悪くなる前にケアすることが一般的です。

私も定期的に歯科でホワイトニングとクリーニングをしています。いまも歯列矯正に取り組んでいます。ブリッジを使わないマウスピースでの矯正なので、とてもラクです。

歯をきれいにしていると、自分に自信が持てますよ。太陽のような笑顔も、一層輝くはずです！

今日からできる魔法のコーディネート

洋服も「パッと見のきれい」の大きなポイント。

女性にとって洋服選びは毎日のことですが、これさえはずさなければ絶対にきれいに見えるという秘訣があります。

しかも簡単に美しく、おしゃれに見せる方法です。

まず大切なのは、**色味を統一する**こと。寒色と決めたら寒色で統一、暖色で決めたら暖色で統一してください。

そして、コーディネートの**配色を3色までに抑える**こと。洋服だけでなく、アクセサリー、バッグも含めて3色です。

まず何を使いたいのか、最初の一色から決めると入りやすいです。

「今日はこのスカートをはきたい」と思ったら、そのスカートから配色を考えるのです。「この帽子をかぶりたい」というなら、その帽子の色から配色します。

アクセサリーは**暖色系のときはゴールド系、寒色系のときはシルバー系**が基本。

私の場合、アクセサリーは寒色暖色を問わず使えるパールが多いです。

コーディネートが決まっていると、見るからに「デキる女」。いいご縁や仕事が自然と集まってきますよ。

人に見られる指先を大切に

65ページで足をきれいに保つという話をしましたが、**先端の部分はとても大事**です。特にネイルは、「パッと見のきれい」の印象を大きく左右します。

アメリカの女性はきれいにネイルをしている人が多いですが、これは握手の文化があるからだそうです。握手をしたときは手に目が行きますが、**その人の生活水準が手と指にあらわれる**というのですね。

日本のビジネスの場で握手ということはあまりないかもしれませんが、**名刺や書類をお渡しするとき、メモを取るとき、お茶を飲むときなど、やはり指は人の目に留まりやすい**です。

ネイルがきちんと整っていると、自信を持って仕事ができる気がします。

ハイヒールでイメージアップする

やはり**女性の足をきれいに見せるのは、ハイヒール**です。

高さは7センチくらいがいちばん美しいといわれていますが、よく歩くという人は5センチくらいでもいいかもしれませんね。

私自身はどこに行くにもハイヒールです。ヒールはピンヒールにこだわっていて、高さは10センチほどです。

「そんな高いハイヒールでよくそんなにきれいに歩けるね」と言われますが、自分なりに工夫をしています。

まず形は**フロントがTストラップであること**。ストラップがあるので、足が抜けません。

それから**先端部分が高く厚底になっているもの**。これなら10センチヒールといっても傾斜はそれほどではありません。

そして歩き方。大股でさっそうと歩きます。

あとは慣れです。もちろん私も、最初は足が痛くなりました。

履き慣れれば、**ハイヒール用の筋肉が鍛えられる**ので、だんだんラクになります。足の引き締め効果や代謝を上げる効果もあるので、エクササイズと思って履いています。

ただし長く歩いたり、1日中履いていると、足首が硬くなったり、腰が痛くなったりすることもありますよね。そんなときはじっくりストレッチをして、体をほぐしましょう。

ハイヒールを履きこなせば、「仕事のできる女」を演出できます。**稼ぐためには「イメージ戦略」も大事**だと思います！

360度美しいのが「3D美人」

あなたは鏡を1日何回見ますか？

きれいな人は1日のうちに**鏡を何度も見て、常に自分の「きれい」の手直し**をしています。

私の場合、1日に何度鏡を見ているか、実際に数えてみました。

朝、起きて洗面所で、メイクをするとき、着替えのとき、出かける前、食事のあとのメイク直し、お手洗いなどなど、1日10回以上は見ていました。

また鏡でなくても、電車の窓に映る自分もチェックするし、街を歩いていてショーウインドーに映る自分の姿も確認します。朝、外出し、何もせず、夜までずっときれいが保てるということはありえないからです。

鏡をこまめに見ていると、髪が乱れている、シャツがよれている、姿勢が悪くなっているなどをチェックでき、その都度、**きれいの修正ができます**。「いつ見てもきれい」という人はやっぱり努力をしているものです。鏡を見る習慣を持ちましょう。

美肌をつくる究極の食事

先だって講演会で「そのお肌はどうやったらつくれるのですか？」という質問を受けました。

普通、美容家であればここでスキンケアのノウハウとか化粧品の話をするかもしれませんが、私の答えはズバリ「**食事**」です。

食べるものが細胞、**血液をつくり**、**お肌をつくる**のです。

どんなにいい化粧品を使っても、栄養が足りなければ美肌はつくれません。

ですから、私は食事をとても重視しています。

あるとき、専門の医療機関で自分のＤＮＡ検査をしてもらいました。すると私の体は還元力（抗酸化力）が飛びぬけて高いことがわかったのです。ドクターもビックリされて、「何か特別なことをやっているの？」と聞かれました。

このとき、「ああ、私の食事が正しかったのだ」とわかってとてもうれしく思いました。

食事といっても特別なものではありません。**基本は和食で魚、野菜をしっかりとります**。魚はイワシ、アジ、サバなど青魚を多くいただいています。

青魚には血液をサラサラにして体温を上昇させる必須脂肪酸ＤＨＡ（ドコサヘキサエン酸）やＥＰＡ（エイコサペンタエン酸）が多く含まれています。

私が好きなものはほかにも、

●β-カロテンたっぷりの、いわゆる緑黄色野菜

- **ほうれん草、ブロッコリーなどの青物野菜**
- **アリシンを含むショウガ、ネギ、セロリなどの香味野菜**
- **ビタミン豊富、デトックス効果の高いアボカド**
- **女性の味方、イソフラボンを多く含む大豆製品**

など。さらにルチンが含まれるそばは、毎日食べても飽きないほどです。

そして、**酵素玄米**も食べています。酵素玄米は玄米に小豆と塩を入れて、炊き上がった玄米を3日間保温し続けたもの。3日間寝かせている間に、玄米の糠の部分に多く含まれている酵素が働きます。酵素玄米は白米にくらべ、食物繊維は6倍、ビタミンEは1200倍！　また、アミノ酸のひとつであるGABAが増えるので、美容効果や健康効果もアップ。血圧の急激な上昇を抑え、安定させる効果もあります。酵素玄米を食べると、便秘解消を実感する方も多いようです。

また、一緒に炊く小豆には、アンチエイジング効果が期待できるポリフェノールがたっぷり含まれています。

これらは意識して食べているというよりも、自分が好きで食べているものばかり。偶然にも、自分の好きな物と抗酸化力の高い食べ物が一致していたのです。

またこの検査では私は脂質の代謝が悪いことがわかったので、油ものを摂りすぎないように注意しています。

ほかに気をつけているのは、飲み物。**甘い飲み物やジュースなどは、絶対に飲みません**。

近ごろは多くのクリニックやエステサロンでＤＮＡ検査を行っているので、興味のある方は一度チェックされるといいでしょう。自分の体質がわかるし、摂るべき栄養素なども教えてもらえます。

第3章

所持品・身のまわりのきれいで稼ぐ

「所持品・身のまわり」はあなたの分身として、
あなたの「きれい」が映し出されるもの。
これを「きれい」にしておくと、
あなたの印象は劇的にアップします。
そして、「運」はきれいなもの、きれいな空間に宿ります。
「所持品・身のまわりのもの」は、あなたが
「稼ぐ人」になるための原動力となってくれるのです。

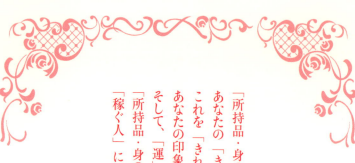

持ち物は、ときにその所有者をあらわす

きれいはその人の所持品、身のまわりにこそあらわれる。

これは私の持論のひとつです。

私の周囲でも、持ち物や身のまわりをきれいにしている人は、やはり運がいいし、対人関係も仕事もうまくいっていることが多いのです。

逆に持ち物を乱暴に扱ったり、身のまわりがゴチャゴチャしていたりすると、せっかくの運が逃げていってしまうように思います。

所持品や身のまわりのものは、ときにその所有者の外見だけでなく、内面をもあらわすことがあります。**真に美しくありたいなら、自分のまわりのものまできれいにしておくべきです。**

風水や気学では、「気」や「風」の通り道にこだわります。「運気」とは「気」や「風」を運ぶこと。きれいにしていると、そこにはかならずいいものが流れ込んでくるはずです。

「所持品・身のまわりのきれい」で、運を呼び込みましょう。

「お金が入ってくる財布」に変える方法

私は仕事柄、経営者の方々とご一緒させていただく機会も多いのですが、経営が順調な方は、やはり「財布」が違います。

まず**豊かな財布はかならず「きれい」**です。中はきちんと整頓され、スッキリしています。小銭やレシートでパンパンということは、まずありません。

すべての物質には周波数があります。お金も特定の周波数を持っていて、共振するものに引き寄せられるのです。**ゴチャゴチャしたもの、汚いものに、お金は決して寄ってきません。**

領収書や、使わないポイントカード、ギフトカード、何やらのお守りや縁起グッズがあふれかえった財布ではお金は稼げません。

カード類は最低限のものだけにし、領収書は取りだして別にし、お札はきちんとそろえてしまいましょう。

できれば1日がおわったときに整理をする習慣をつけるといいですね。

またこれは男性に多いのですが、小銭を使うのがめんどうだからと、瓶などにゴチャゴチャに放り込んでいる人がいます。これは金運から遠ざかる行為のように思います。小銭も大切にして、貯め込むのではなく、きちんと使う人は、お金に感謝している人だと思うのです。

お金を意識するために、ときには現金を実感することも大切です。

以前私のまわりでは、**新しいお財布を買ったとき、しばらく「年齢」万円を入れておく**という儀式がはやっていました。25歳なら25万円、30歳なら30万円というように。

「年齢」万円を入れることで、**新しいお財布にその厚みを覚えさせる**のです。そして**豊かさを実感し「このくらいのお金を持てるようになってありがたいな」と心より感謝する**のです。

現金を持ち慣れない人は、大金を持つとドキドキするものですが、ドキドキするのではなく「ありがたいな」と感謝を実感することこそ、稼げるようになるポイントです。

ちなみに、この儀式を行っていた仲間の多くは、たくさんのお金を稼げるようになり、成功しています。

感謝して使えば、お金はかならず帰ってくる

お金は、使って、循環させるからこそ生きてくるものです。**お金がたくさんほしいなら、まず先に「使う」こと**です。

重要なことは、お金を使うときの気持ちです。「減少」「赤字」「損失」といったネガティブなイメージではなく、**「増幅」「拡大」「循環」など、ポジティブなイメージ**を頭に浮かべるようにしましょう。

「あぁ、もったいない」「また、お金がなくなっちゃう」などというマイナスな気持ちで使ったお金は、帰ってきてくれません。

「これを買えてよかった！」、**「払うお金があってよかった」**というよろこびの気持ち、感謝の気持ちで使うのです。

よろこび、感謝とともに使ったお金は、あとから**仲間をたくさん連れて帰ってきてくれます**。

よりよいのは人をよろこばせる使い方です。人にちょっとしたプレゼントを持っていくとか、ごちそうするなど。募金もいいと思います。

「恩送り」という言葉があります。**人から受けた恩をその人直接でなく、別の人に渡すこと**です。

たとえば自分にお金がたくさん入ってきたり、ありがたいと思うことに遭遇したりしたら、**それを自分で止めないで人にまわし、循環させる**のです。

私はクライアントさまにごちそうしていただくことが多いのですが、それはクライアント先のスタッフさまにランチなどをごちそうすることで、恩送りをさせていただいています。

「恩送り」の考え方で生きていたら、きっとお金に困ることはないと思います。

メイクポーチには「きれいの覚悟」が詰まっている

「では、みなさん、かばんの中に入っているメイクポーチを出して中を見せてください！」

私がエステティシャンの研修で大切にしている儀式です。

するとみなさん、「え〜」という声を上げ、困ったような顔をされます。「はい、どうぞ」と、堂々と見せてくれる人はとても少ないです。

なぜメイクポーチかというと、**メイクポーチにこそ、その人の「きれい」へのこだわりが象徴されている**からです。

何日も洗っていないパフ、汚れたチップ、指紋がいっぱいついた手鏡……。読者のみなさんのポーチには、そんなものが入っていませんか？

メイクは自分を美しく見せたいからするもの。汚れたメイク道具を使っていたら、きれいになれるでしょうか。

自分をきれいにしてくれる道具こそ、きれいに扱うべきです。

私もこんな話をしておきながら、自分のメイクポーチが汚れていたら話にならないので、いつ人に見られてもいいようにきれいにしています。

私がポーチに入れているのは、本当に最低限のもの、ハンドローション、リップクリーム、口紅、ビューラー、手鏡くらいです。メイク直しをするときは、リップを塗り直すくらいなのです。それらはいつもピカピカ、清潔に保つようにしています。**持ち歩く品数をしぼるのも、ポーチをきれいに保つ秘訣**だと思います。

メイクポーチには、女性のきれいへの覚悟が凝縮されています。

きれいになるために、まずメイクポーチの整頓をしましょう。

「稼げるかばん」で出かけていますか？

稼げる人は「きれいな財布」を持っていると述べましたが、彼ら彼女らの持ち物には、もうひとつ特徴があります。

それは「**稼げるかばん**」です。

稼げるかばんはまず、**中がきちんと整理されていて、何がどこに入っているかすぐにわかる**ことが鉄則です。

かばんをのぞき込んでは、いつも何かを探している人がいます。中には「ココ掘れワンワン」ではありませんが、ガサゴソと掘っている人も……（笑）。

「あれはどこだっけ？　これはどこだっけ？」と探していると、心が乱れます。

ビジネスの場で資料が出てこない、メモを取るときペンが出てこない……というのでは、あせってしまって仕事に集中できない、ということになりかねません。

物がゴチャゴチャしているということは、思考も整理されません。

「一事が万事」で、かばんが整理されていない人は、机の引き出しやクローゼットも整理されていないことが多いように思います。

「あの書類はどこだっけ？」

「あの服を着たいのに見つからない」

こういったことを繰り返していると、大いなる時間の無駄になってしまいます。

だからまずは、かばんの中を整理することが大事です。

かばんが整理できれば、ほかの物もきちんとできるようになります。


かばんの中を整理するためには、**物の定位置をつくっておくこと**です。

お財布はここ、手帳はここと決めておく。

メイクポーチと同じで、持ち歩くものは最低限にしましょう。

それからよくあるのが「バッグを替えたがゆえの忘れ物」です。

これを回避するためにも**「バッグインバッグ」**がおすすめです。

そしてかばんだけでなく、お財布、メイクポーチ、すべてに言えることですが、いちばん大事なことはこまめにチェックすること。

不要なものは出し、常にきれいを心がけましょう。

もちろん外側も見て、汚れなどがあればふき取り、金具もちゃんと磨いておきます。

かばんがきれいだと、出かけるときに「さあ、がんばろう」という気になります。

「稼げるかばん」を持って出かけましょう。

人前で開けられるスーツケース

空港のロビーでスーツケースを開けて、あたふた。中は衣類や洗面道具がグチャグチャにつまっていて、探し物が見つからない……。

美しいとはいえません。

空港でスーツケースを開けなくてはいけないシーンは、意外に多いですよね。何かを取りださなくてはいけないとか、買ったお土産をしまいたいとか、あるいは国際線で荷物チェックをされてしまったとか……。

かばんと同じように、スーツケースの中も、きちんと整頓しておきたいものです。もちろんスーツケースを開けているときに、他人がわざわざのぞき込んだりはしないでしょうが、人に見られてもいいくらいの状態にしておくということです。

コツは**荷物をすべてポーチや袋などに小分けして収納**すること。そのまま詰め込まないことです。洋服も圧縮袋などにきちんとしまいます。

何かあったときに人前でもサッと開けられる、美しいスーツケース。

そんなスーツケースを持ってさっそうと旅立てば、出張もワンランクアップしそうです。

光るものは、くもらせず輝かせる

自分の持ち物を見まわしてみてください。

鏡、スマホやパソコンの液晶画面など、本来「光るもの」が、くもっていませんか？

「光るもの」は、金運の象徴です。

だからこそ、光るものをいつも光らせておくことが大事です。

特に鏡は汚れやすいもの。いつも磨いておきましょう。

私は洗面所の鏡も、使ったらその都度こまめにミニタオルで拭いています。

蛇口もタオルで軽く磨くだけでピカピカになります。

また、ときどき見かけるのですが、スマホの液晶が割れたまま平気で使っている人がいます。あれは、きれいでないという以前に危険です。

スマホの液晶を割れたままにしていることは、自ら稼ぐ運気を逃しているようなものです。

私はエステサロンのコンサルティングも行っていますが、店舗にあるポップ（販促用の紙）を光らせるだけで、売り上げが上がったというケースを何度も経験しています。

紙に書くだけでなく、きれいに「ラミネート加工」をし、光らせるのです。

「光る」だけで、高級感が出ます。そんなちょっとした工夫をするだけで、売り上げが上がるのです。

人に「貸せるハンカチ」を持っていますか？

会食でご一緒した方が、飲み物をこぼしてしまいました。

こんなとき、スッとハンカチを差し出せる女性……、美しいですよね。

でもそこで差し出したハンカチが、汚れてしわくちゃのものだったら……ちょっとがっかりしてしまいます。というよりも、そういうハンカチは人にお貸しできません。

ハンカチは人目に触れる機会も多いですから、常にきれいなものを用意したいものです。

「いつでも人に貸せる、きれいなハンカチ」は、「きれいで稼ぐ」ための必須アイテムだと私は思います。

ハンカチをお貸ししたら、困っている相手はとてもよろこんでくださるし、そこから縁もつながります。

好みのデザインやブランドで、肌ざわりのよい清潔なハンカチを持っているだけで、気分も上がりますよね。

ただし、いくらステキなハンカチでも、使っていればへたってくるので、そうなる前に雑巾として使います。

そうやって循環させれば、いつもきれいで気持ちのいい、「貸せるハンカチ」が持てます。

また**ポケットティッシュもハンカチと同じで、いつでも人に差し出せるものを用**

意しておきたいものです。

よく街頭で配っているティッシュ、あれを使ってもいいのですが、広告の紙が入ったままのものを使うのは美しくありませんね。

抜いて使えば「スマート・ティッシュ」に早変わりです。

テンションが上がるものしか持たない

所持品の「きれい」についてさまざまに述べてきましたが、きれいを保つためにいちばん大事なことは、**自分が好きなもの、所持することでテンションが上がるもののしか持たない**ということです。

テンションが下がるものを持つと、運も下がります。

改めて見直してみると「テンションが下がるもの」「気に入っていないけれど、

妥協して持っているもの」って、実は結構あるのではないでしょうか。誰かにもらったものや、捨てられないものとか……。

こういうものは、思いきって処分しましょう。

それから、プレゼントなどで人からいただいたけれど、好みに合わないものをしまいこんでいたりしませんか？

人からもらったものは処分しづらいものですが、**1年間使わなかったら、それはご縁のないもの**。気持ちだけありがたくいただいて、必要な人に差し上げるなどして整理しましょう。

本当に自分のテンションが上がるもの、わくわくするものだけに囲まれていれば、使うたびにうれしいいし、きれいにしようという気持ちが生まれます。

思いきって捨てる習慣を持つこと

前項にもつながりますが、「所持品・身のまわりのきれい」を保つために、ときには捨てる作業をしなくてはいけません。

- **何年も着ていない服や、はかなくなった靴**
- **古い名刺**
- **いただいたはがきや手紙、年賀状**
- **何年も開いていない本**

こういうものをため込んでいませんか？

手放さないと新しいものは入ってきません。スペースを空けておくことが大事です。お礼状や年賀状などは「せっかくいただいたのに」という気持ちが働くかもしれませんが、感謝の気持ちを受け取ればそれでいいと思います。

人の名刺も捨てるのはちょっと申しわけない気持ちになりますが、お顔も覚えていない人の名刺は、持っていても意味がありません。一定の期間を経て、ご縁のない人の名刺は処分しましょう。**本当にご縁のある人だったら、名刺がなくてもかならずいつかまた、ご縁がつながります。**

きれいな人は、いなくなったあともきれい

会社勤めをしているときは、美容業界の展示会によく出展していました。展示会とは、エステの機器や化粧品などを販売する業者が一堂に会して展示やデモンスト

レーションを行うものです。

1990年代後半の、出展当初のころの話です。私は、自社の美顔器のインストラクションを担当していました。

実演をしますから、ボウル、刷毛など洗いものが出ます。洗い場の設備はないので、トイレで洗うようにと指示されていました。そこでたまった洗いものを持ってトイレに入った私は、その場に立ちつくしてしまいました。

ほかの出展者も洗いものをトイレで洗っているのですが、洗面ボウルから床からビショビショになっていて、想像を絶する汚さなのです。トイレにはゴミ箱がなかったのですが、不要な資料があたり一面に投げ捨てられていました。

ここで洗いものを洗っている人たちは美容に関わっている人たち、人をきれいにする仕事をする人たちです。**みんなしっかりメイクをして、きれいな格好をしているのに、このありさまは何ということか**と、ショックでなりませんでした。

みなさん、急いで洗って戻らなくてはいけないと、あわてていたのかもしれません。それにしても、次に使う人のことをまったく考えていない行為です。

「きれい」は相手のため、思いやりです。次の人のことを考えたら、かならずきれいにしようという気持ちが働きます。近年ではずいぶんと改善されて大変うれしいです。

特にお手洗い、洗面所は汚れやすい場所です。だからこそ、私はいつも、**使ったとき以上、お借りしたとき以上にきれいにすること**を心がけて、研修でもお伝えしています。ほかにも使った会議室、離席したあとの机の上、食事をしたあとのテーブル……。**きれいな人は「いなくなったあとも」きれい！　なのです**。

運気をつかんで逃さない部屋に住む

運気を呼び込むためには「**流れ**」**を意識する**とよいと、風水ではいわれています。「流れ」が滞った状態がいちばんよくないのです。

「お金は循環させる」「手放すと新しいものが入ってくる」という話も、すべて「流れ」をつくるためなのです。

運気は流れです。

運は玄関から入ってきます。

では出口はどこかというと、「排水溝」です。

出口が汚れていたり詰まっていたりしたら、運が流れず、新しい運は入ってくることができません。

そして、**運は汚れているところが大嫌い**。家は常にきれいにしておくことが大事ですが、特に**玄関と水まわり**はきれいに保つことが大事です。

あるとき、プライベートで本当につらい出来事がありました。

クヨクヨして何をしても涙が出てくる始末で、それを半年以上引きずってしまいました。すがるものがなく、心をどう収めていいのかわかりませんでした。

あるときそれを大先輩に相談したら、こう言われました。

「あなたね、それは感謝が足りないのよ。すべてに感謝して、**気の入り口である玄関のたたきを水拭きしなさい**」

その言葉にハッとして、毎日、その通りに実行しました。すると……あれほど悩んだことが本当に2週間くらいでスコーンと抜けたのです。ビックリするくらい、前向きになれました。

これには驚きました。「掃除の効果」を実感した一件でした。

それからは**嫌なことがあったり、イライラしていたりするときは、かならず掃除をする**ようになりました。

特に大事なプレゼン、研修の前は、気合いを入れてトイレの掃除をすることにしています。

掃除で部屋がきれいになると、心も整います。

これを習慣にしてから、私は運がメキメキとよくなっていきました。

師と仰ぐ大谷由里子さんとの出会い、全国講師オーディションへのエントリー（ファイナリスト）、この出版のお話……、すべて**掃除（＝きれいにすること）が運んできてくれたチャンス**だったと思っています。

お客さまに見せられるスタッフルームに

私はコンサルティングや人材研修に行くと、かならず**スタッフルームや倉庫をチェック**させていただきます。

スタッフルームや倉庫は通常、お客さまの目に触れません。

スタッフルームについつい置いてしまう食べかけの食品や私物。倉庫のドアを開けてまたビックリです。乱雑に化粧品が積まれていて、綿ぼこりがフワリと舞っている……。

お客さまにお渡しする、大切な化粧品をこんな場所に置いてはいけません。買う人の立場に立てば、そういう店からは買いたくないですよね。

倉庫にあるものをすべて出して、きれいに掃除をし、商品の整理をしましょう。そうすれば、その商品はますます高い周波数を持つこととなり、たくさんのお客さまに必要とされることでしょう。

不思議なことに、そうやって**「見えないところ」を含めて店舗全体をきれいにするとエネルギーが高まり、どの店も新規のお客さまが増えて、みるみるうちに売り上げが上がっていくのです。**

第4章

心のきれいで幸せを手にする

心のきれいは、すべてのきれいのベースメントとなるもの。
心がきれいでなければ、
いくら表面を飾り立ててもそれは偽物です。
本章では心のきれいはどこにあらわれるのか、
どんな行為が心のきれいにつながるのかをお話しします。
心のきれいを身につければ、
あなたは最強に「きれいな人」になれるはずです。

心がきれいであってこそ

ここまで、さまざまな「きれい」をご紹介してきました。

本章では、最後にいちばん大切な「心のきれい」についてお伝えします。

どんなに外見が美しくても、「心のきれい」がなければ、すぐにはがれてしまうでしょう。

「パッと見のきれい」「所持品・身のまわりのきれい」に「心のきれい」が合わさってこそ、初めて本物のきれいになります。

そして**「心のきれい」の波動は、かならず外にも伝わります**。

それが人を引き寄せ、仕事を引き寄せ、お金を引き寄せるのです。

とはいえ、私自身が以前から「心のきれい」を実践できてきたかというと、まったくそんなことはありません。

私は25年間、美容関連の会社に勤務し、最後は取締役を務めました。

社長の右腕として社長を補佐する役を担っていたのですが、私はその社長に対してとんでもない態度を取り続けていたのです。

朝、社長が出勤してみんなが挨拶しているのに、私は挨拶どころか、目も合わさない。口をきくのも最低限です。

本書で「笑顔が大事」などと言っているくせに、笑顔なんてひとつもない。失礼きわまりない態度でした。

少し言いわけをいたしますと、この社長というのが、天才的プロデューサーなのです。

仕事に対する感性や嗅覚は本当にすごくて尊敬するのですが、「天才」だから、次々新しいことを思いつくし、それゆえに言うこともどんどん変わるのです。

だから社長の言うことにいちいちつき合っていると、とてもじゃないけれど仕事が進まない、社長の指示を「なかったこと」にしないと会社が機能しないと、勝手に思っていたのです。

でもだからといって、そんな失礼な態度を取っていいはずもなく、いま振り返ると、反省しきりです。

あのときの私は、本当にきれいじゃなかった……。

こんなお恥ずかしいことを思いきって告白したのは、「**心のきれい**」**は、やはり自分を律すること、自分を反省することでしか生まれない**と思っているからです。

本章では私の反省も踏まえて、「心のきれい」をみなさんにお伝えします。

嫌なこと、不運なことをリセットする魔法の呪文

ありがたいことに、私はいま、本当にいい仕事をたくさんいただいて、すばらしいご縁や出会いにあふれた毎日を送っています。

とはいえ、毎日すべてがバラ色、いいことしか起こらないというわけではありません。

ときには嫌なことも起こるし、「え、どうして？」「ついてないな」ということもあります。

こういうことは誰にでも起こりうることですよね。

決まりかかっていた仕事が流れた、がんばった仕事なのに評価してもらえなかった、嫌なことを言われた、自分がやるはずだった仕事をはずされた、などなど……。

仕事をしていれば、いろいろあります。

そういうときに唱えるだけで気持ちが持ち直す呪文がこれです。


「すべては最良のタイミングで前進している」

一見、悪いことが起こったとしても、それはすべて最高の結果を出すためのステップと考えるのです。


たとえば、一生懸命進めてきた契約を、最後のところでお客さまに「今回は見送らせてもらいます」と断られたとします。

大変なショックでしょうが、そこを自分の学びの場と考えるのです。

まず「ご検討いただいて、ありがとうございます」と感謝を伝えます。それから少しやりとりしたあと、「ところで」と切り出します。

「もしよろしければ、私の勉強のために、ひとつ教えていただけないでしょうか。

どういった条件が整えば、私、渡辺におまかせいただけたのでしょうか？」

これを聞くことが大事です。

なぜ契約をいただけなかったのか、何が足りなかったのか、その原因を探るのです。

お客さまも、**断ったことを受け入れられたあとなので、本音で話しやすい**のです。

この振り返りこそが大きなスキルアップにつながります。それができたら、あとは気持ちの切り替えです。

悪いこともすべては必要必然、いまの自分に必要なこと。

これを生かして次につなげることができれば、結果としてはかならず「よかった」ことになります。

この魔法の言葉を唱えれば、どんなことが起きても前向きになれます！

どんなときでも、手をそえる習慣

紙一枚、名刺一枚お渡しするとき、片手で「ハイッ」と渡すのと、**手をそえて、両手で持ってお渡しする**のでは、印象が全然違います。

しかし人材育成研修をしていて気づいたことですが、化粧品をお客さまにお渡しするときに、手をそえず、片手で渡す人が多いのです。

エステサロンで扱う化粧品は決して安いものではないのに、片手で渡してしまったら、価値が半減します。

これは日ごろからやっていないと、急にはできません。

会社の同僚に「ちょっとペンを貸して」と言われたときも、手をそえて両手で渡す、上司に企画書を出すときも、かならず両手で渡すのです。

社内の人や身内にできないことは、他人にもできません。

両手で渡すことで**「大事なもの」「貴重なもの」という付加価値**がつきます。渡す人の思いがそこに乗ります。

そうしたら渡された相手も、「これは大事にしないといけない」という意識が芽生えるはずです。

ここがキモです。片手でぞんざいに「ハイッ」と渡された企画書を、真剣に検討しようという気持ちになれるでしょうか。

自分の話で恐縮ですが、美容医療関係の協会のレセプションにお誘いいただいて参加したときのことです。

終了後、知人に「ちょっと紹介するよ」と言われ、ある美容関係の経営者の方を紹介されたのです。

そのときの私は、両手が荷物でいっぱいでした。そこで、私にとってはいつもしていることなのですが、**その場に荷物をすべて置いて、名刺を出して、手をそえてその方に名刺を差し出したのです。**

するとその方はすぐに連絡をくださり、「うちの社員研修をお願いします」と、仕事を発注してくださったのです。

私のことをよく知らないのにもかかわらずです。

あとからうかがったら「名刺をもらったときの所作が美しかった。荷物を全部置いて両手を空けて、名刺を出すその所作を見て、この人はかならず丁寧な仕事をするだろうと思った」と言ってくださいました。

両手をそえる習慣を身につけるだけで、あなた自身の価値が上がります。

美しい字で心を伝える

私はことあるごとに、一筆箋を使って手紙を出します。

メールやＳＮＳが発達した現代では、手紙の出番は極端に少なくなっています。だからこそ、**手紙やはがきは強力なコミュニケーションツール**となるのです。

実業家で講演家でもある中村文昭さんが、人脈を広げるためにはがきを活用していたことは有名な話です。

中村さんは、お金がない時代にも無理をして新幹線のグリーン車に乗って、隣の人に話しかけて仲よくなり、名刺交換をしていたそうです。

そして「今日は最高のご縁をいただきました」と書いたはがきを降りた東京駅の消印で出し、相手の予測を上回ることに努めていたそうです。

私はここまでできていませんが、筆まめなほうだと思います。

16ページで述べたように、名刺を切らしたときに手紙をそえてお送りし、それが仕事につながったこともあります。

手紙を出すときは、やはり文字も美しくありたいですね。すごく美しい人の字が、ビックリするような悪筆、というのではがっかりしてしまいます。

逆に**字が美しいと、それだけでその人の美がワンランクアップする**気がします。

私ももとは子どもっぽい丸文字でしたが、社会人になってから、字を人に見られることが多くなり、あわてて字の練習をしました。とはいえ、達筆にはほど遠く、なんとか人に見られても恥ずかしくないという程度ですが……。

「私は字が下手で字に自信がない」という人は多いのですが、字は練習すれば誰でもかならず上手になります。

美しい文字で書かれた美しい一筆箋……。

それは**相手の心にダイレクトに響き、かぎりないビジネスチャンスを広げる、極上のツール**だと思います。

誰に対しても同じ態度で接する

誰に対しても態度が変わらない、誰に対しても笑顔でお礼を言えることは、とても大切です。でも、口で言うのは簡単ですが、実践できている人は少ないのではないでしょうか。

先だって、友人とお寿司屋さんに食事に行きました。カウンターのネタケースには、おいしそうな鮮魚がたくさん並んでいました。

ところが、たまたま隣に居合わせた男性が、目の前に並んでいないものを「大将、今日はあれないの？　これないの？」といろいろ聞くのです。

お魚は旬のものだから、その日にないものもありますよね。

大将が「すみません、今日はあいにく入ってなくて」「今日はないです」というと、その男性は露骨に不機嫌な顔をして、大きな声で「この店はないものばっかりだね」と言ったのです。

お店に入ったとき、店員さんに横柄な態度を取る人は、そこにその人の人間性が透けて出てしまいます。

おしぼりを持ってきてくれたら、「ありがとう」、食べたお皿を片づけに来てくれたら「ありがとう、ごちそうさま」と言う。食べ終えたお皿は店員さんが集めやすいようにまとめておく。

店員さんが気持ちよく仕事ができるかどうかを常に考えて行動するのです。

それがやっぱり「きれい」ですよね。

満員電車は不吉な笑顔で

クライアント先訪問の時間帯によっては、朝の満員電車に乗る機会も多いのですが、みなさん眉間にしわを寄せて、不快そうな顔で乗っています。

もちろんギューギュー詰めの満員電車は誰もが愉快なものではないでしょうが、だからといってそんな顔をしていたらテンションは下がる一方です。

私もはなはだ失礼ながら、汗っかきの男性にピッタリとくっつかれると、「うっ……」と思ってしまうことがあります。

でも、そんなときこそ**「不吉な笑顔」を浮かべる**のです。

口角を上げて、「ふっふっふっ」とわざとらしく笑うイメージです。

ギューギュー詰めの満員電車は何のために乗るのかというと、仕事のために乗るわけですよね。

仕事の場には明るく、テンションの上がった状態で登場したいものです。朝、気持ちよく挨拶できることは、稼げる女の基本です。

私の場合は満員電車に乗るのはクライアントさま（＝お客さま）のところに行くためです。

お客さまの前に低〜いテンションでうかがったら、失礼です。

そのためには、**車内から自分のテンションを上げていく**必要があります。

だからこそ「満員電車は不吉な笑顔で」なのです。

「不快な思いをしているのに笑うなんてできない」と思われるかもしれませんが、そこは発想の転換です。

嫌なこと、つらいことがあったときほど口角を上げて笑顔をつくるのです。

幸せは笑顔のあるところにやってきます。

眉間にしわを寄せてブスッとした顔に、幸せはやってきません。笑顔がすべての運を呼び込む源泉です。

満員電車は「今日はどんなステキなことが起こるのだろう」「今日はどれだけ稼げるのだろう」とニヤニヤしながら乗って、職場に向かってテンションを上げていく場にしましょう。そうすれば、通勤時間はとても有意義なウォーミングアップタイムになるはずです。

自分の機嫌は自分でとる

これは残念ながら女性に多いのですが、機嫌が悪いのが顔に出てしまう人がいます。私の経験でも、スタッフが7人もいれば、1人か2人は機嫌の悪そうな顔をしていることが多かったです。

接客業はもちろんですが、どんな仕事でも、プロとして仕事をする以上、機嫌の悪い顔で人前に出てはいけません。

誰でも生きていればいろいろあります。体調が悪いとか、生理の日とか、家族とケンカしたとか、失恋したとか……。

でも**それを引きずって仕事の場にあらわれるのはプロのすることではありません**。プロはその仕事をしてお金をもらうわけですから、**自分の機嫌は自分でとるべき**です。

そして自分の機嫌が悪いと、同じ周波数の機嫌の悪いお客さまが集まってきます。それに私の経験上、機嫌の悪い人はその日の売り上げがかならず悪いです。

では、どうやって自分の機嫌をとればいいのでしょうか。

私がおすすめするのは60ページで紹介した**発声練習**です。発声練習を行っていると、だんだんテンションが上がってきます。研修でも朝礼で取り入れていただいていますし、全員で歌を歌うこともお伝えしています。さらに42ページの「**太陽のよ**

うな笑顔」をつくるレッスンをプラスしてみてください。

口角を上げると幸せホルモンのセロトニンが分泌され、女子力も上がります。

機嫌が悪くても、とにかく笑顔です。

そうするとあとから「笑顔になる現象」を引き寄せるのです。

脳の保管庫には美しい言葉しか入れない

「もうトシだから」

「おばさんだから」

「私なんかどうせ……」

こんな言葉をついつい使ってしまっていませんか？

いますぐやめましょう。

言霊という言葉がありますが、**何度も同じ言葉を口にすると、それは脳の保管庫に入ります。**

すると脳は「おばさん」「トシだから」と素直に信じます。

だから**「もうおばさんだから」と言う人は、どんどん老けます。**

日本人は特に年をとっていることが恥ずかしいことという認識があり、みなさん自虐的になりがちです。でもわざわざそんなことを言ってセルフイメージを下げて、何が得られるでしょうか。

「もうトシだから」「おばさんだからしょうがない」「どうせ」……、**そんな不快な言葉で脳の保管庫をいっぱいにしたら、あなたの脳がかわいそうです。**

今日から「おばさん」は禁句にしましょう。

きれいな人は、脳の保管庫にきれいな言葉しか入れません。

朝、目が覚めたことにありがとう

「ありがとう」という言葉を、できるだけ多く使おうとよく言われます。

もちろん他人に対して「ありがとう」と言うことはとても大事ですが、私は、**その日1日がおわったとき、自分に対して「ああ、今日もありがとう」と思えることと、そして朝目が覚めたとき、「ああ、目が覚めてありがとう」と思えること**が、いちばん大事だと思っています。

だって、いつかは朝、目が覚めないときが来るわけですから。

朝起きたとき、「今日もありがとう」と思えなければ、いくら何度「ありがとう」と口にしたとしても、それは本物の感謝ではないと思います。

これは私の友人を見ていて痛切に感じることです。

その友人とは、私の故郷・鹿児島で、飲食店を経営していた福徳睦樹（通称リッキー）さん。鹿児島ではちょっとした有名人です。

リッキーさんはケガで左足の切断を余儀なくされ、ようやく退院する矢先、今度はがんが発覚。それも末期のすい臓がんで、手術は不可能。肝臓に転移もあり、いきなり余命3ヵ月を宣告されてしまったのです。

普通ならここで絶望したり、自暴自棄になったりしてもおかしくない状況です。

でもリッキーさんはそこで自分の体をもって、「感謝」ということを学んだというのです。生かされていること、今日も目が覚めたこと、まわりの支え、すべてがありがたいと……。

そうしたら、不思議なことにどんどん体調がよくなり、がんが消えはじめたというのです。転移は完全に消え、すい臓のがんも半分以下になり、完全克服ももう目の前です。がんになると、やせて顔色も悪くなることが多いと思うのですが、彼は顔色もよく、体重も増えているというのです。

私はいつもリッキーさんに励まされます。ありがとうという思い、感謝の思いは形になってあらわれるということを、リッキーさんは体現してくれています。

自分に対して「ありがとう」という思いを持てない人が、他人に感謝など持てるはずがないと思うのです。

今日目が覚めることができたこと、1日があることに感謝です。

「今日も生きて目が覚めました！
今起きている全ての事に、心から感謝して、精一杯毎日を生きていこうと新たに決意した朝……。
生かされていることに、ただただ感謝してます。」

2016年12月28日　福徳睦樹　Facebookより

第5章

売り上げ・収入アップに直結する
ビジネスのきれい

この章では、私の経験をもとに、「きれいで稼ぐ」ための
具体的なビジネスメソッドを伝授します！
お客さまを虜にしてしまう魔法の挨拶、
商品の売り方、売り上げが倍増する確実な方法などなど、
目からウロコの方法が満載。
秘伝の「魔法のコーチングシート」も公開しています！

売り上げ倍増、収入アップのための「きれいの法則」教えます！

エステサロン勤務時代、私は店長として5年連続、毎月の売り上げ1000万円以上を達成しました。

私の「きれいでなければ稼げない」というフィロソフィーは、このときに培われたものです。現在は、そのときの経験をもとに経営コンサルティングを行っていますが、私の指導した通りにやってくださったサロンは、どこも確実に売り上げがアップしています。

本章では「きれいでなければ稼げません」の実践編として、**どうすれば売り上げがアップするのか、収入がアップするのか**を、みなさんに具体的にご提案していきます！

お客さまに誠実な関心を寄せ続ける

どのお店も常連さま、上顧客に対しては、それ相応のサービスをします。お誕生日をお祝いするとか、割り引きをするなど。

でもそれでは**「突き抜けたサービス」**にはなりません。それらはして当たり前のことです。

突き抜けたサービスのために、**ときには「自腹を切って」プレゼントを買うのです**。高価である必要はありません。500円、1000円程度でもいいのです。

「先日、熱海温泉に行ってきたのですが、その帰りに駅前のお店で試食したお菓子があまりにおいしくて。田中さんにも食べていただきたくて買ってきたんです」と言ってお渡しします。

休日も自分のことを考えてくれているのかと、お客さまは感激してくれます。

それから**お客さまがすすめてくださったお店があったら、かならず実際に行ってみます**。

「この間、山田さまがすすめてくださったイタリアン。さっそく行ってきたんですけど、おすすめのワタリガニのクリームパスタがすごくおいしかったです！」と感想を伝えます。

これをするとお客さまとの距離がグッと縮まります。

また、**お客さまおすすめのミュージシャンのアルバムも聴きます**。

「あのアルバムの〇番目の曲、すごくよかったです！」というように、具体的に感想を話すとさらに効果的です。

またペットを子どものようにかわいがっているお客さま。**ペットの名前はもちろんですが、性別、年齢も覚えます**。

そして大事なことは、こうした情報を自分だけでなく、お店のスタッフ全員で共有することです。

こうやってお客さまに常に誠実な関心を寄せていれば、よりお客さまに沿った提案ができます。

たとえば犬をかわいがっている人なら、

「ティアラちゃんのお散歩のときに、こちらのUVケアはいかがですか？　くもりの日はこちら、晴れの日はこちらと、2種類を使いわけていただくといいです」

というご提案ができます。

お客さまのよろこぶことにこそ、ビジネスチャンスが存在するのです。

いいものは高額だからこそ堂々と売る

「こんな高額な商品を売りつけたらお客さまに申しわけない」
「このお客さまはこんなに高いものは買わないだろう」

お客さまに高額なものを売るとき、こんなふうに躊躇したり、自ら抑えてしまったりする人がいます。

それは違います。

買っていただけないかぎり、お客さまのお役に立てないし、よろこんでいただけないのです。

どんなものがその人のお役に立てるかを聞かせていただくことに徹すれば、よけいなものではなく、ピンポイントでその人に合ったものをすすめられます。

その際に、「この方のご予算はこのくらいだろう」と決めつけないこと。その人の経済状況が、そのときどうであるかは、外からはわかりません。

おすすめしたものに「ちょっとその金額は出せない」と言われたら、ご予算に合わせたものをご案内すればいいだけです。

「私ならお客さまにお役に立たせていただける」という自信が備わっていれば、お客さまはそれがたとえ高額な商品でも納得して買ってくださいます。

どんな職業でも同じだと思います。

大切なことは**プロとしての「自信」と「当然意識」**なのです。

金額こそ早めにお伝えする

私たちが物を買うとき、値段を見ないで買うということはまずないですよね。

ところが、金額をなかなかお客さまにお伝えしない人が意外と多いのです。

「こちらの商品はこれこれこのようなメリットがありまして……」と、高額であれば高額なほど、商品のよさばかりアピールして、金額を伝えるのをあとにしようとする傾向にあります。でも**高額だからこそ、早めにお伝えするべきなのです。**

お客さまは金額を聞いてから、「その値段の価値のある商品かどうか」ということを見定めたいのですから。

またプランによって金額が変わる場合も、早めに伝えることによって、お客さまの理想の金額に落とし込むことができます。

擬態語を操れるようになる

擬態語というのは、「キラキラ」「ツルツル」のように、音声にたとえた言い方です。

この擬態語を使うと、聞いているほうは具体的なイメージが湧きやすくなります。

たとえば、

「野沢さんは本当によく働いてくれて、物を頼むとすぐに動いてくれます」

と言うよりも、

「野沢さんは、本当に**テキパキ働いてくれて**、物を頼むと**サッと動いてくれます**」

と言ったほうが、より具体的にイメージできませんか？

これを営業や物を売るときにも応用するのです。

「こちらのクロスを使っていただきますと、**ササッと拭くだけで**鏡やアクセサリーが新品のように**ピッカピカになる**んですよ」

「宮田さまはお腹が気になるとおっしゃっていましたが、それはお腹の脂肪が**カチカチに固まっている**からなんです。まずこの**カチカチの脂肪**を**トロトロに溶かして**、体外に**サーッと排出していく**イメージで施術をいたします」

このように説明すると、お客さまはとても関心を持ってくれます。

普通なら聞き流すことも、擬態語がアクセントになって印象に残るのです。

しかしながら、この擬態語は、急には出てきません。

ふだんの会話から意識して使うことが大切です。

私の研修では、隣の人の「他己紹介」を、**擬態語を4つ以上使って1分間スピーチをする**という課題があります。擬態語を上手に操ることができるようになると、みるみるセールストークが上手になりますよ！

ほめればほめるほど、稼げるようになる

稼ぐ人はかならずといっていいほど「ほめ上手」です。

人をほめる人は愛されるし、仕事は愛される人に集まります。

でも実は、本当にほめることができている人は少ないのです。

というのも、お客さまや自分を引き立ててくれる人をほめることができるのは当たり前です。

でも、**自分のまわりの人**、**ごく身近な人をほめること**を忘れてしまうのです。スタッフ同士、ご主人、子ども、お姑さんのことをほめることができてこそ、本物ではないでしょうか。

「ほめるのが苦手」「気恥ずかしい」という人もいるかもしれません。

私の場合は、**気づいたときにすぐに口に出す**ようにしています。

レストランでスタッフさんのサービスがすごくよかったとき、お会計の際に「あなたの笑顔がすごくステキで本当に気持ちがよかった」などとできるだけ伝えるようにしています。


余談になりますが、先だって、すごく感動したことがありました。

ファーストフードのカフェで打ち合わせをしていたのですが、おしぼりがほしかったので、ホールにいた店員さんに「おしぼりありますか？」と聞きました。20代前半の若い女性でした。

「申しわけございませんが、おしぼりはないんです」と言われたので「わかりました。ありがとう」と答え、その後はしばらく打ち合わせをしていました。

するとその店員さんが「もしこれでよろしければ」と、ハンカチを濡らしてしぼって持ってきてくださったのです。

たぶん、ご自分のものだったと思います。

ファーストフードのカフェに、そんなマニュアルがあるはずがありません。

彼女が自分で「このお客さまのために」と考えてしてくれたのです。

これには感動しました。

この女性はきっと何をやっても成功すると思いました。

ちょうどあるクライアントさまがスタッフを募集していたので、すぐに名刺をお渡しし、「あなたの笑顔と行動力に感動しました」と心からほめ、ヘッドハンティングしたことがあります。

照れくさいときは書いてほめる

「ほめ育財団」という財団があります。

人をほめることを教育とし、日本だけでなく、世界に発信するという志を持って代表理事の原邦雄さんが立ち上げた団体です。

ほめ育財団では、「ほっめいし」という**人をほめる名刺**の普及活動をされています。**家庭や職場、学校などで、日々の感謝や想いを形にして渡す**のです。

言葉にするのはちょっと恥ずかしいことでも、書くことならできる。これには大きなヒントをもらいました。

まわりの人、身近に起こったことをほめることを習慣にしていると、本当の「ほめることの達人」になれます。

私は、ほめることはブーメランだと思っています。

ほめたことがまわりまわって自分に返ってくる。だから、ほめ上手な人が成功するのです。

「3回ほめの法則」で、本物になる

ほめ方にも法則があります。

「同じことを3回ほめる」のです。

たとえば、まず**「藤井さん、髪の毛、短くされたのですね！　すごくお似合いですね！」**とほめる。

この1回だけなら特には印象に残りませんし、人によっては「そんなお世辞を～」と思うかもしれません。

2回目は「**そのスタイルだと、お顔がシャープに見えますよね**」。

3回目は「**今回の髪の色はお肌の色まで白く見えますね！**」。

このように、髪型について3回ほめることによって、相手は「**社交辞令ではなく、本当にほめてくれている**」と認識してくれるのです。

あまりいい例ではないかもしれませんが、エステサロン勤務時代は、お客さまの持ち物をほめたことで、「あら、あなたそんなに気に入ったのならあげるわよ！」といってネックレスやバッグをいただいたことが度々あります。

「自分が使ったものでは何だから」といって新しく買ってプレゼントしてくださったお客さまもいました。

それほど、3回ほめは印象深いということです。

3回ほめの法則、ぜひやってみてください。

「二者択一のご提案」で契約率が飛躍的にアップする

商品などをおすすめするときは、お客さまのニーズにあったものを厳選して**二者択一のご提案**をすると、話がスムーズですし、お客さまも決断しやすくなります。

「AとBがあったら、どちらがいいなと思われますか？」

といったようにお聞きするのです。

「B」というお答えがあったら、

「ではBにも2つのプランがあるのですが、こちらとこちらではどちらがお好きですか？」

とそこでまた選択してもらい、お客さまのニーズを明確化させていくのです。

こんなやりとりをする人がいます。

「こちら50万円のコースですが、いかがでしょうか？」

「それは無理だわ。もっと安いのはないの？」

「では30万円はいかがですか？」

「それも無理だわ」

このような展開になってしまうと、お客さまのテンションはどんどん下がってしまいます。


「こちらが50万円、こちらが30万円のコースですが、どちらがいいなと思われますか？」


というように、二者択一にすればテンションを保てるし、決めやすいです。

そして、実はこの言い方も大切なのです。「どちらがよろしいですか？」とお聞きするとお客さまは「購入しないといけないのかな?」という気持ちになり「今回は結構です」となりがちです。**「どちらが好きですか?」「どちらがいいなと思われますか?」**とお聞きすることで、答えやすくなるのです。

もちろんそこで「どっちも高すぎて無理だわ」というお客さまもいらっしゃるかもしれません。

その場合は、

「言いにくいことをおっしゃっていただいてありがとうございます」

と感謝をお伝えして、お客さまのご予算をお聞きします。

「10万円なら出せる」というお返事だったら、

「ありがとうございます! 10万円でステキなものをご用意いたしますね」

と言って、プランを組み直します。

そこでまた二者択一です。

「では11万8000円と8万8000円のコースがございますが、どちらがよろしいですか」

こうやって段階を踏んで二者択一で選んでいただくと、お客さまの要望を満たすご提案がスムーズに進みます。

未来につながる予約の取り方

私が実にもったいないなと思うのは、予約時の対応で損をしているお店です。

「○月の×日の3時は空いていますか？」

「すみません。その日はもう一杯なんです」

「では土曜日の1時はどうですか？」

「そこもいっぱいです」

このような対応では「じゃあいいわ」「ではまた」となってしまいます。


「申しわけございません、その時間はいっぱいですが、その週でしたら、火曜日の2時、木曜日の3時が空いておりますが、ご都合はいかがでしょう？」

とバーターを示せばいいのです。


「予約でいっぱいの店」も、未来のお客さまをポロポロと取り逃がしています。

「○月○日は空いていますか？」

「すみません、その日はいっぱいです」

「わかりました」

これでおわりです。これではまったく次につながりません。

「大変申しわけございません。当店はおかげさまで3ヵ月先までご予約が埋まっております。もしお客さまがよろしければ、予約可能ないちばん早い○月○日なら空きがございます。キャンセルをされても結構ですので、一応、予約をされませんか？」「○月○日はあいにくいっぱいですが、もしよろしければキャンセル待ちをなさいませんか？　キャンセルが出たときは、私、渡辺が責任を持ってすぐに電話をさせていただきます」

このような対応をされたらどうでしょうか？　そこで予約やキャンセル待ちをしなかったとしても、「余情残心」で心は伝わります。

「予約が取れなかった、残念」だけでおわってしまうのと**「予約は取れなかったけど、あの電話に出た女性は感じがよかったな」**と思ってもらえるのでは、まったく違います。

それが**「未来につながる予約」**だと思うのです。

魔法の挨拶「あぁ～⤴、ありがとうございます！」

お客さまからお電話をいただいたとき。

「あの、ホームページを見たんですけど……」

「**あぁ～⤴、ありがとうございます！**　初めてのお客さまでいらっしゃいますか？」

この「**あぁ～⤴**」が大切なのです。「**あぁ～⤴**」は、本当にうれしいときに自然に発せられる感嘆詞のイメージです。久しぶりに恋人に会えたとき、本当にほしいものを手に入れたときなどを思い出して、発声してみましょう。

言われた相手はビックリです。

なぜ、この人はこんなによろこんでくれるのかと。

そして予約の当日、その店に行ってみたら、電話以上に強烈な「太陽のような笑顔」（42ページ参照）で歓迎される。そうしたら、いっぺんにその店のファンになってしまいますよね。これこそが「突き抜けた店」であり、「突き抜けたサービス」なのです。


「あぁ～↑、ありがとうございます！」


この言葉の威力はすごいです。

単に「ありがとうございます」と言うのではなく、「**あぁ～↑、ありがとうございます！**」です。

たとえば、必死に貯めた資金でお店を開いたと想像してみてください。全財産を投じてしまって、もうあとがない。お客さまは本当に来てくださるのだろうか……。

そんな不安でいっぱいになっているところに、予約の電話がかかってきたら、どうでしょうか。

「あぁ～⤴、ありがとうございます！」

この言葉が自然に口をついて出るのではないでしょうか。そう、その「ありがとうございます」です。

これは**本当に効果絶大の魔法の言葉**です。ぜひ試してみてください。

迷っているお客さまの背中を押すキラーフレーズ

この「**あぁ～⤴、ありがとうございます！**」は、営業におけるキラーフレーズとしても使えます。

たとえばお客さまが「買おうか、やめようか」「これに決めようか、次の機会にしようか」と迷っていらっしゃるとき。

「うーん。でもまあ、このくらいの金額ならいいかな?」とちょっと前向きな言葉をいただいたとします。

その瞬間にすかさず、太ももにおでこがつくくらいの深い90度のおじぎをして、**「あぁ～～、ありがとうございます!」**を入れるのです。

この言葉には、迷っているお客さまの肩をポンと押してあげる力があります。

「このブラウス、ホントに似合うかしら? おかしくない?」

「とてもお似合いです。ステキです!」

「じゃあ、これにしようかしら……」

「あぁ～～、ありがとうございます!」

太陽のような笑顔で**「あぁ～～、ありがとうございます!」**と言われたら、相手は無下には断れません。

実際、これをすると購入率、契約率がグッと上がります。

無理やり押しつけたりすすめたりするわけではない、でも**確実に前に進めることができる「キラーフレーズ」**です。

お客さまの度肝を抜く「子犬のウェルカム」

家に帰ってくると「ワンワンワンワン！」と走り寄ってきて、「ご主人さまが帰ってきてくれてうれしい！」というよろこびを全身で表現する子犬。

かわいいですよね。

いとしさがグッとこみ上げてきます。

この**「子犬のウェルカム」**を、お客さまをお迎えするときに実行するのです。

お客さまがドアを開けて入ってきたら、**「あぁ〜っ、お待ちしておりました！」**と**走り寄る**のです。

距離が短くても、小走りで走り寄るのがポイントです。もちろん太陽のような笑顔も忘れずに。

相手をお迎えするときもそうですが、自分がお得意さまにうかがったときも、これを意識します。

「お会いできてうれしくてたまらない！」というのを体で表現するのです。

これをやると、売り上げ、成績が段違いに伸びます。

「お客さまを笑顔でお迎えしましょう」というのは、どこの店でも言うことだと思うのですが、そんなものではない、**「子犬のウェルカム」**です。

これは逆の例として挙げさせてもらいますが、私が関東近県で仕事をおえたときのことです。その後、私はある方の出版パーティに参加する予定でした。

その日はあいにくの土砂降り。「365日巻き髪」も取れて、すっかり乱れてしまいました。パーティの前に髪だけでもまとめたいと思い、美容室を探していたのです。

ふと見ると、大きなチェーンの美容室がありました。そこなら無難かなと思い、ドアを開けて入ろうとしました。

ところがそのガラスのドアが思ったより重くて、押しても引いても開かないのです。仕事の大きな荷物と傘を抱えた私は四苦八苦です。

そのときガラス越しにフロントの女性と目が合いました。フロントの女性は2人いて、何をするともなく暇そうにしています。**しかも、私と目が合ったにもかかわらず、そのまま動こうとしないのです。**

私だったら走り寄ってドアを開け、「子犬のウェルカム」をしますし、そのように指導もしています。

そのときは、「ああ、この店はこういう店なのだな」と思って、その店に入るのをやめてしまいました。私の仕事柄もありますが、少々がっかりした出来事でした。

残念なのは、こういうところはこの店だけではないということです。「子犬のウェルカム」どころか、普通の「ウェルカム」もできない。でも、だからこそ、「子犬のウェルカム」をしたら、その店は大きく伸びるはずです。

「ご近所に愛される店」はかならず繁盛する

当然のことですが、お店や会社は、その場所、その地域に構えてお客さまをお迎えします。

ですから、ご近所、地域に愛されることは必須です。

ご近所に愛されるためには、**笑顔で挨拶をする**、**店の前の掃除をするときは、ご近所の前も掃く**などはまず基本です。

そして飲食店、コンビニ、スーパー、クリーニング店など、**近所のお店にはこちらもお客となって積極的に利用**します。そして、毎月手書きのお店の新聞（お知らせ）をお届けするのです。

その際に、名札などで店員さんの名前を覚えておいて、**名前で呼びかけます**。コンビニのレジの店員さんに、「太田さん、こんにちは。今日は暑いですね」、レストランで料理のお皿を片づけに来てくれた人に「山口さん、ありがとう。今日のランチ、おいしかったよ♪」といった具合に。

こうやって地域を味方につけると、「あの店の子はみんなすごく感じがいい」と評判になります。

それがいつのまにか、「繁盛」につながるのです。

「あの子たちはお客さんにはいい顔をするけれど、外では感じが悪いね」などという評判が立ったら最悪です。

そういう店が繁盛することはまずありません。

宅配便のお兄さんに親切にした結果

出入りする業者さんに対する態度も大事です。

商品を納品してくれる人、宅配便のお兄さんにも「山田さん、いつもありがとう」と笑顔でねぎらって、進んでコミュニケーションをとります。

「今日は暑いでしょう。急いでるかもしれないけれど、麦茶一杯だけ飲んでいって！」とお茶とお菓子をお出ししたり、バレンタインにちょっとしたものをプレゼントしたり。

これも私が思う「きれい」のひとつ。きれいな所作、きれいな挨拶です。

「なぜそんなに親切に？」と思われるかもしれませんが、世の中、どこでどういう人からご紹介をいただけるかわかりません。

そのお兄さんには妹さんがいるかもしれないし、彼女、奥さんもいるかもしれません。

実際に、そうやって仲よくなった宅配便のお兄さんが、営業所の事務員の女性を紹介してくれたこともありました。

口に出してお願いしなければ人は動かない

私がエステサロンの店長をしていたとき、5年間連続で「毎月1000万円」以上を売り上げてきました。その理由は、「ご紹介をお願いできるお客さま」がいたからです。

「鈴木さま……、鈴木さまのお友だちで、どなたかフェイシャルにご興味のある方はいらっしゃいませんか?」と頼めるお客さまがたくさんいたからです。

すると、「いいわよ」と快諾してくださって、ご友人を紹介してくださるのです。そのご紹介からお客さまの輪が広がっていくことで、顧客が確実に増えていきました。**困ったときに頼めるお客さまがいるかいないか**に、その人のプロとしての実力が出ます。

お願いはあくまで「**謙虚に、誠実に**」がポイントです。

これは誰にでもやっていいことではありません。**そのお客さまに愛されていることが大前提**です。

日ごろからそのお客さまに誠実な関心を寄せ続け、太陽のような笑顔でお客さまをお迎えし、いつも誠実で一生懸命やっていたら、お客さまは「**渡辺さんの言うことなら**」「**こんなに一生懸命やっているのなら**」とお願いを聞いてくださいます。

もし「この人こそは」と思った人にお願いして、断られたら、それは、自分の魅力が足りなかったということです。

でもそこで落ち込むのではなくて、足りない部分を磨けばいいのです。

日本人は「ご紹介をお願いするなんて、悪いわ」と思ってしまいがちですが、そのお客さまに日ごろから誠心誠意向き合っていたら、堂々とお願いしていいのです。

だまっていてもあなたの気持ちは相手に伝わりません。

きちんと口に出して、頭を下げてお願いして初めて、人は動いてくれるのです。

稼げる人は話を聞ける①「うなずく」は運を呼ぶ

人の話を聞くというのは、当たり前のようで、ものすごく重要なことです。

というのも、ほとんどの人は「自分の話」をしたいからです。

自分の話を相手にしっかり聞いてもらえると、人はとても満足します。

これは「この人とまた会いたい」と思ってもらえる、最大の秘訣だと思います。

私は結局、**うなずくだけで仕事をいただいているようなもの**です（笑）。

私の場合はエステサロンの現場からの習性として、相手の話を聞くことが自然に身についています。

相手の話を興味深く聞いて、うなずく。「うんうん」は「運運」なのです。縁も金運も運び込むことができるのです。

コツは、まず笑顔であること。そして小さく「フン、フン」とうなずくのではなく、**大きく1回1回「うん、うん」とうなずく**のです。

私は自己研鑽のためにさまざまなセミナーや勉強会に行くのですが、たいていいちばん前の席に座り、演者の話を大きくうなずきながらお聞きします。するとそのあとのサイン会や懇親会で、「僕の話をよく聞いてくれてありがとう」、「あなたが会場の雰囲気をよくしてくれた」と言ってもらえることがよくあります。

それで私のことを気に入ってくださって、仕事につながったこともあります。

深くうなずくだけで、大きな運を呼ぶのです。

稼げる人は話を聞ける②「あいづち」は打ち出の小槌

うなずくこととともに大事なのが、あいづちです。

うなずきながらポイントポイントであいづちを打ちます。相手の話に興味のあることをきっちり示すあいづちです。

「すばらしいですね！」
「面白いですね！」
「それはすごいです！」
「ステキですね！」

などなど。

あいづちは「打ち出の小槌」です。**感心してあいづちを打つだけで、運が降って湧きます。**

うなずきやあいづちなんて、当たり前のことのように思うかもしれません。

でも案外これができていない人が多いのです。うなずくでもなければ、何もなく、無反応で聞いている人がたくさんいます。

こういう人がお客さまに対して急にあいづちを打ったり、うなずいたりできるはずがありません。

うなずくこともあいづちも、ぜひ「**意識して**」行ってみてください。相手の反応がかならず違ってきます。

売り上げが倍増する魔法のコーチングシート

クライアントさまからのご依頼で、美顔器を探す機会がありました。

私が求めているのは、即効性があり、施術が簡単で、エビデンスがある、この3つの条件がそろった業務用のもの。もちろんそれは最初にお伝えしました。予定では14台必要なので、それなりに大きな取引になるはずでした。

ところがお会いした営業マンの方は、この美顔器に使われている素材について延々としゃべるのです。

素材の説明ももちろん大切なのですが、私の希望する「3つの条件」に対する回答はいつまでたっても出てこない。

失礼ながら、残念な営業の典型的パターンだと思ってしまいました。**相手の必要**

のないことを延々としゃべる営業は、売れない営業です。

営業というのは、お客さまの要望にいかにマッチしたものを提供できるかにかかっています。

それを知るために、私はオリジナルの売り上げシート、通称「**魔法のコーチングシート**」を使っています。

私はこのシートで**契約率94%を達成**してきました。

いまはこれを研修で教えていますが、クライアントさまでこのシートを使ったら、契約率100%という人があらわれました。

もちろんその人の資質や努力もあると思いますが、非常によろこんでいただけました。

本当にこれを使えば売り上げが倍増するシートです。少しでもみなさまのお役に立てればという思いで、ここに公開させていただきます。

このシートはお客さまに視覚で訴え、お客さまの目標や希望、悩みなどを質問しながら、**お客さまご自身で答えを導く**ためのコーチングシートです。**お客さまに見ていただきやすいように、丁寧に書き込んでいきます**。

このシートで大切なことは、**お客さまの話をお聞かせいただくこと**です。お客さまはご自身の心の中に目標も答えもお持ちなのです。**質問をしても、即答できないこともあるでしょうが、その思いを巡らせていただくことが大変重要**です。お客さまをあせらせないよう、じっくりお聞かせいただきます。

ここではエステサロンで痩身のコースをご希望のお客さまの場合を想定しましょう。お客さまの前でお話をしながら実際にシートに**「青い太字のペン」で書き込んでいきます。「青」は気持ちをリラックスさせ、記憶に残りやすいからです。**

①最初に目標・目的です。何キロ落としたいのか、どうなりたいのか。そしてなぜやせたいのかを考えてもらいます。

②①についてくわしいご希望やお困りのことを聞きます。どこがいちばんやせたいのか、トップ3を出してもらいます。これを行うことで、漠然としたものがだんだん視覚化されていきます。

③それが叶ったときにどんな気持ちになるか。やせたらどうしたいのか、どこで何をしたいのか、自由にイメージしてもらいます。実はここがいちばんのポイントです。大切なのは、本当にやせたときのうれしい感情を想像し、味わっていただくことです。

④自分なりに注意していること。いま取り組んでいることがあったら教えていただきます。自分の取り組みを明らかにすることによって、やせたい気持ちの大きなスイッチになります。

⑤改善したいこと。なぜ太ってしまったのかという理由と、改善すべきことを教えていただきます。

⑥最後に①から⑤を踏まえたうえで、プランと料金をご提示します。なぜそのプランでやせられるかというエビデンスも説明します。

ここでのポイントは、**お客さまの出したキーワードに帰結させる**ことです。

たとえばお客さまが「お腹まわりを特に細くしたい」とおっしゃったら、「私どもの機械は、特にお腹まわりに即効性があります」というように話すのです。

このシートの何が「魔法」かというと、このシートを使うことで、**お客さま自身の希望や目的が明確化される**のです。

「魔法のコーチングシート」でお客さまの心の中を引き出す

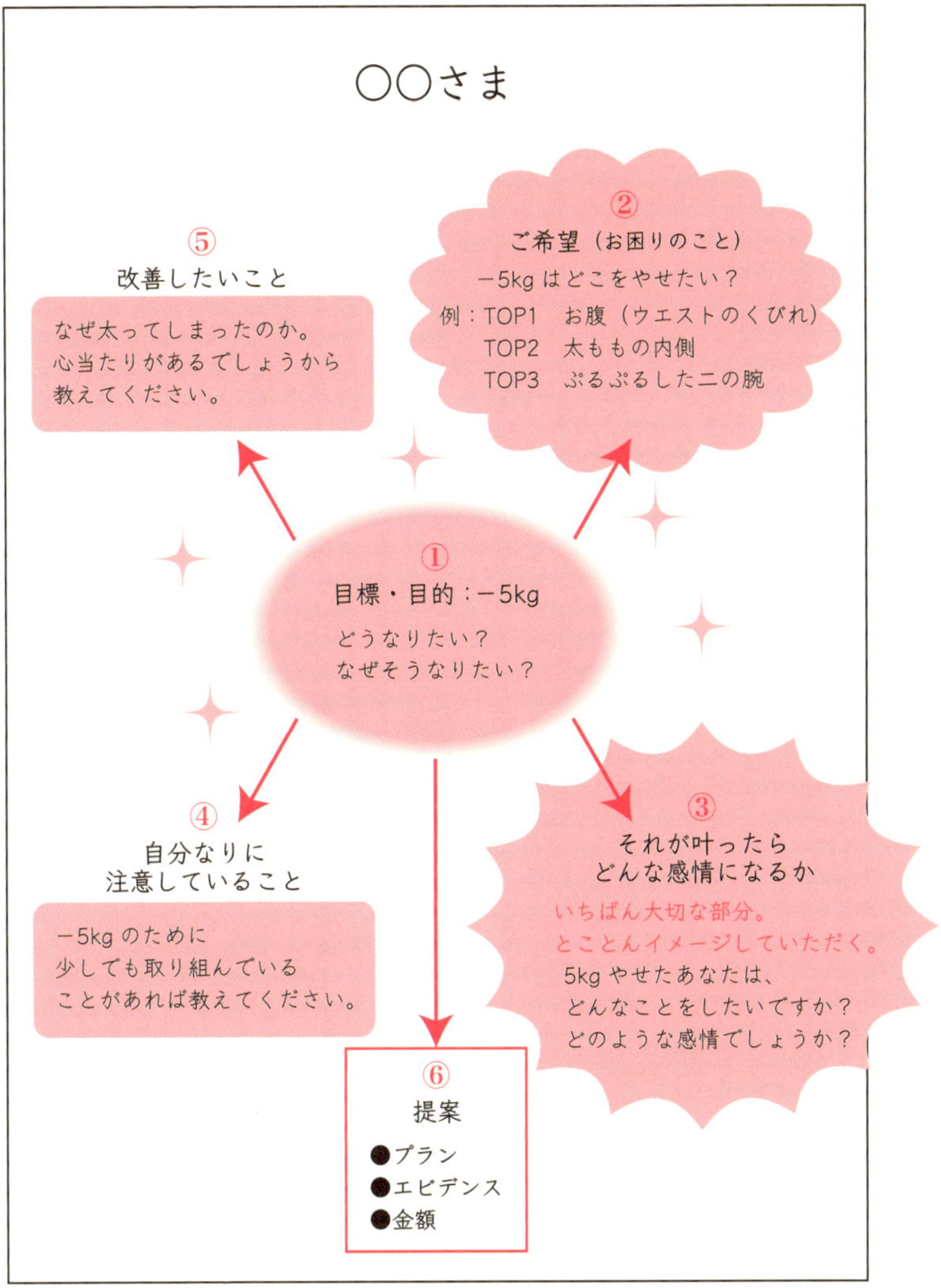

多くの方は、希望や目的が漠然としていることが多いのです。それが明確化したら、お客さまは行動できます。

このシートは、どの営業にも使えます。

不動産、車、保険、ジュエリー、電化製品などなど。お客さまのニーズを整理して差し上げるだけで、購買につながります。

たとえば車をご購入希望のお客さまに対する場合、①目的（車がほしい）、②ご希望・お困りのこと（どんな車がほしいか、どんなことで困っているか）、③理想の車が見つかったときにどんな気持ちになるか、④運転について日ごろ注意していること、⑤カーライフに関して改善したいと思っている点……、などというように聞いていきます。

またこのシートは心の悩みにも使えます。私はクライアントさまのコーチングにも、このシートを使って質問をし、話を聞きます。

たとえば店長さんが仕事で悩んでいるという場合、「どういうサロンにしていきたいの？」「そのために何から手をつけていいか、上から3つ挙げてみて」というように。

①から順を追って進めるだけで気持ちが整理されるので、それだけでみんな表情がどんどん明るくなっていきます。

みなさまがこのシートを活用して売り上げを伸ばしてくださったら、これほどうれしいことはありません。

―おわりに―

きれいの先にあるもの

私の名刺には、「『きれい』は国力」と書かれています。本当に心から、そう思うのです。

貧困・飢餓で苦しむ国、武力紛争に巻き込まれる国……。このような国の女性が果たして「きれい」を意識できるでしょうか。

生きていくことに必死で、ときには「きれい」であることの意味さえ忘れてしまうのではないでしょうか。

「きれい」になりたいと思う女性があふれることは、平和の象徴、まさに国力です。

本書でお伝えしてきた「きれい」は、「愛」「平和」そのものです。相手を思うからこそ「きれい」があり、それが「豊かさ」「お金」を引き寄せるのだと実感しています。

本書の内容を実践していただくことにより、みなさまが以前と異なる結果を経験し、愛と感謝で満たされ、その先にお金が循環していかれましたら大変に幸せです。そして、ひとりでも多くの方が「きれい」を伝染させる影響力のある人になっていただきたいと願っています。

最後に、父母、姉、兄、叔母、師匠、本書に関わってくださった方、そして私の人生に関わってくださったすべての方に心より感謝します。

読者のみなさんをはじめ、本書にてご縁がありましたすべての方がますます豊かになり、幸せでありますよう、心よりお祈りしております。

最後までお読みくださり、本当にありがとうございます。

渡辺ゆきよ

渡辺ゆきよ（Yukiyo Watanabe）
美容家・講師。
鹿児島県生まれ。Yuki Watanabe Beauty Presen.（ユキワタナベビューティプレゼン）代表。突き抜けた販売のセンスにより、月間売上1000万円を超えるエステサロンのカリスマ店長を経て、世界33ヵ国に輸出する美顔器のセミナーの全国展開に携わる。取締役まで務めた会社を退社し、現在は店舗運営やスタッフ教育の経験をもとに、エステティックサロンのプロデュース・コンサルティング、人材育成、講演活動を行う。美容業界歴は29年。
HP：http://yuki-watanabe.com/

きれいでなければ稼げません

ほんの少しのコツで、いまよりランクアップできる！

2017年8月15日　第1版第1刷発行
2017年9月7日　　　第2刷発行

著　者　渡辺ゆきよ

発行者　玉越直人

発行所　WAVE出版
〒102-0074　東京都千代田区九段南3-9-12
TEL 03-3261-3713
FAX 03-3261-3823
振替 00100-7-366376
E-mail: info@wave-publishers.co.jp
http://www.wave-publishers.co.jp

印刷・製本　大日本印刷

NDC916 191p 19cm
ISBN978-4-86621-068-1